国語授業の
AさせたいならBと言え

子どもが動く
発問・指示の言葉

岩下 修

明治図書

はじめに

イラスト版『Aさせたいなら Bと言え』(『イラスト図解　Aさせたいなら Bと言え―子どもが動く指示の言葉』明治図書) は、おかげさまで多くの方々に手に取っていただいている。

前半の「解説編」が読みごたえがあるというお声もいただいた。「Aさせたいなら B」は、子どもを思うように動かすためのものではなく、子どもに知が発動する言葉かけであることが、イラストつきの説明でよく分かったというお声も聞こえてきた。

令和のこの時代を視野に入れ、子ども達の心が動くBの言葉を、学級づくりと授業づくりに分け、現場から生まれた事例を紹介した。教室で、活用していただければうれしい。

一つ心残りがあった。

「Aさせたいなら Bと言え」は、授業の発問・指示づくりに活用できると言いながら、教材名を示した発問・指示をほとんど紹介できなかったことである。教師になって五〇年が過ぎた。この二〇年あまりは、専科として、国語授業を担当してきた。「AさせたいならBと言え」をマインドセットしながら、国語授業のための発問・指示づくりに奔走してきた。

手元には、子どもの知と探究心が生まれ、読解が深化する発問・指示が蓄積してはいる。多くの学校でも、とっておきの発問・指示を紹介してきた。ところが、時々、「岩下先生、自分でオリジナルの発問・指示をつくりたいのですが、どうしたら……」という声も耳にする。ということは、このような先生の要求に、私は、十分に答えていないということなのだろう。

今回は、一つの発問・指示が、私の中で、どのような経緯をたどって誕生していくかを記していきたい。一言で言えば「発問・指示のつくり方」である。

「『AさせたいならB』による言葉づくりは、詩をつくる作業と似ている」という言葉もいただいた。確かに、この作業は、言葉でつくり出した映像が、他者の頭の中で再生されることを願う試みである。

言葉を精選し、発問・指示で組み立てた一群の指導の言葉が、一篇の詩であるかのように、まとめることができたらうれしい。

そのままの形で活用していただいてもいい。私の示す「つくり方」を参考に、教室の状況に応じて、オリジナルの「発問・指示」を、つくり出していただければ幸いである。

「個別最適な学び」「協働的な学び」が提唱されている。その一方で、「探究的な授業」や「教えない授業」も、話題にされている。

どんな形の国語授業も、自然には発生しない。教師による、何らかの「しかけ」は不可欠である。表面には見えなくても、直接、間接、あるいは暗黙の発問・指示は発動されている。発問・指示のない授業はないのである。

本書の執筆は、この当たり前のことを、具体的事例で確認していく作業にもなるだろう。

岩下　修

目次

第1章

国語授業の「Aさせたいなら Bと言え」

第2章

定番物語教材の発問・指示のつくり方

大造じいさんとガン

やまなし

海の命

第1章

国語授業の「Aさせたいなら B と言え」

1

「Aさせたいなら B」で発問・指示をつくる

読解とは、文や文章、作品を、新たなイメージの喚起と共に、理解する行為である。また、文章や作品について解釈、批評する行為である。

音読だけでも、このような読解は、ある程度は生じるであろう。ところが、作品の多くは、子どもにとって、音読だけでは浮上しない世界を有している。その世界を教師が解説する。これが、「教える授業」である。

その世界の入り口を示し、その世界の歩き方のヒントを示す。子ども達は、あれこれ考えながら作品の世界を旅する。読解に到達する。これが、「発見型・探究型の授業」である。

世界の入り口の提示を発問という形で示し、歩き方のヒントを指示という形で示す。このような「発問・指示」型の授業を生み出した先達に感謝したい。

では、ただ発問・指示を用意すればよいか。ノーである。発問・指示を次のように定義したい。

発問とは思考する内容・対象を問いの形で示す教師の言葉
指示とは思考するための方法を指し示す教師の言葉

発問・指示に共通しているのは、「思考」＝「知」の喚起である。お気づきの方もおられるだろう。「Aさせたいなら Bと言え」は、Bと言う言葉を提示することによって、知と喜と意を発動させるしかけであった。「Aさせたいなら Bと言え」は、私の考える読解授業の発問・指示づくりにピタリと重なる。

Aさせたい…読解させたいこと。

Bと言え…知が生まれ主体が立ち上がり読解が発生する発問・指示を用意する。

読解させたいことは、そのまま言わない。

例えば、四年生の「白いぼうし」。ここは、運転手松井さんの気持ちや人柄を読解させたくなる。しかし、「松井さんは、どんな人でしょう」「松井さんはどんな気持ちでしょう」等と問いかけたとする。すると、「やさしい」「親切」などが出されて終了となってしまう。さて、どうしたらよいか。

2

ゆれのないモノに注目

「AならB」のエンジンを駆動したら、同時に、もう一つのエンジンを駆動させてほしい。Bの言葉の共通項を考えていたときに思いついたことだ。

発問・指示のBの言葉には、「ゆれのないモノ」を入れよ

どの子が聞いても、確固としたゆれのない映像が浮上するモノを発問・指示の言葉に入れるのである。「モノ」を話題にすることで、コトやココロを浮上させるのである。

モノコトココロ変換

こそ、読解の基本形であり、読解の醍醐味である。

ゆれのないモノ

「白いぼうし」の冒頭。「モノ」は夏みかん。「コト」は、松井さんがそれを車に持ってきた行動である。「ココロ」は書かれていない。どうしたら、「ココロ」まで到達するか。

A

「松井さんは、なぜ、一番大きな夏みかんを車に持ってきたのでしょうか。」

だと、「お客さんににおいをかいでほしかったから」でおしまいである。

何とか、松井さんの心、人柄まで考えさせたい。松井さんは、運転席に夏みかんを置いたとある。松井さんは、自分でにおいをかぎたかった。「お母さん」を運転席に連れてきたのだ。いかにも、松井さんらしい。そうだ。次のようにしたらどうか。

B

発問　不思議です。一番大きい夏みかんは、家へ置いてくればいいのに、なぜ、車に持ってきたのでしょう。

指示　二つ、理由があると思います。

指示　ペア（二人）で考えてください。

「えっ、二つ！」

と言いながら、にぎやかに二人の相談が始まる。発表では、

「お客さんににおいをかいでもらいたいから」

「自分でかぎたいから」

「お母さんのことを忘れないため」

等が出るであろう。


「不思議です」という発問の中の言葉が、子どもの興味を引き、「理由は二つ」という数を提示することで疑問と思考が生まれ、さらに「ペアで」という指示で、意欲が引き出される。

ここでは、「AさせたいならBと言え」と「ゆれのないモノ」を活用した発問・指示で、「モノコトココロ変換」が行なわれたというわけである。

右の発問・指示では、「ゆれのないモノ」から、次の四点を活用している。

①物…夏みかん
②人…松井さん、お客さん、お母さん
③場所…家、運転席
④数…一番大きい、理由を二つ、二人で

3 読解内容の5パターン

物語授業で、何を問い、何を思考させ、読解させたらよいか。読解内容を、五つのパターンに分類してみた。

1 状況の読解～時・場所・人物・物・事・話者（語り手）
2 人物の読解～行動・知覚物・心情・思考・人柄・人物像
3 場面の読解～見出し・構造
4 全体の読解～構造・要約・主題
5 メタ的理解～意見・批評による作品理解

1 状況の読解〜時・場所・人物・物・事・話者（語り手）

物語を読むときは、時、場所、登場人物、登場物という、いわゆる設定を確認したくなる。大半の作品が、場面によって、設定の一部が変化していく。場面毎に、設定を確認していくことが多い。

「ふきのとう」の冒頭。

1指示 「ささやいています」を○でかこんでください。

2発問 ささやいているのは…だれですか。↓竹のはっぱ

3発問 竹のはっぱがささやいているのは…いつですか。↓朝早く

4発問 竹のはっぱがいるのは…どこですか。↓竹やぶ

5発問 竹のはっぱは、何とささやいていますか。↓さむかったね

いつ、どこ、だれと聞いていくと、それだけで、問答は終わってしまう。1指示で「さ

さやいています」を◯でかこませる。これがポイント。それだけで、子ども達に少しだけ知が発生する。自ら問いを考える子。中には、手を挙げる子も出たりする。そこで、少しもったいぶって2発問を発する。「答」が出たら、「竹のはっぱがささやています」を一斉音読。続いて、3発問以降へと進む。一問一答なのに、盛り上がる。

スイミーの3の場面は、2の場面と、場所も、登場物も大きく変わる。そこで、

1発問　3の場面は、2の場面とどこが違いますか。

これだけで、場所、登場物の違いが指摘されることになる。
なお、設定の一環として、語り手を話題にすることもある。

2発問　「水色のゼリーのような」「水中ブルドーザー」と言っているのはだれでしょう。

もちろん、スイミーではない。これは、二年生でも分かる。語り手であることを教える。

光村図書五年の「たずねびと」は、一人称視点で書かれている。ここでは、日記のように、一人称で書かれていることを、確認させたい。それが、主人公の心情の変化を考えるヒントとなる。

これら「状況の読解」は、「学習指導要領」の学習過程、「構造と内容の把握」に対応する。

2 人物の読解～行動・知覚物・心情・思考・人柄・人物像

作品に登場する人物の行動や心情やその変容ぶりを知ることにより、読者は物語を楽しみ、学び、世界を広げていく。

発問・指示の大半は、人物に関わるものである。心情、人柄、人物像などは、ダイレクトに書かれていないことが多い。

「お手紙」では、かえるくんのやさしさは明白である。「かえるくんはどんな気持ちでしょう」と問うのではない。次のように指示する。

B

指示　かえるくんは何とやさしいのでしょう。1の場面でかえるくんのやさしさが分かる、かえるくんの行動を見つけましょう。四点見つけましょう。

「スイミー」３の場面。スイミーは、海の底で、面白いものに出会う。

B　**発問**　スイミーは海の底で、面白いものをいくつ見たでしょう。

人物の知覚物や行動の検討を通して、心情、思考、人物像が浮上する。これも「モノコトココロ変換」である。自分の中で、その変換が行われ、映像が浮上し、理解が深まる。だから、物語の読解は面白いのである。物語自体が、「Aさせたいなら B と言え」の構造になっていると言える。「学習指導要領」が示す学習過程で言えば、「精査・解釈」に対応する。

3 場面の読解～見出し・構造

一つの場面を一単位時間で、授業することが多い。まず、場面設定を確認し、一～二つの課題について検討し読解を深化させ、最後に、小見出しをつけるという作業である。小見出しつけによって、その場面を、少しメタ的に理解することができる。小見出しつけは、次のような発問・指示をする。例えば「お手紙」2の場面の場合。

指示 次のア、イ、ウの言葉を入れて、見出しをつくってください。最後は、アの言葉にします。二五字以内です。

ア かえるくん

イ かたつむりくん

ウ 手紙

話し合いで、次のようにまとめていく。

> **がまくんへの手紙をかたつむりくんにたのむかえるくん**

中には、小見出しつけそのものが、人物理解につながることもある。例えば、スイミーの2の場面の小見出しは、次のようになる。

きょうだいたちをまぐろに食べられかなしいスイミー

「こわかった」「さびしかった」「かなしかった」というスイミーの心の中から、どれを小見出しに入れるか話し合った結果、「かなしい」が採用されたのである。

「学習指導要領」の学習過程で言えば、「構造と内容の把握」に対応する。

4 全体の読解～構造・要約・主題

すべての場面の小見出しを並べて、全体の構造を考えることもある。「スイミー」の場合、次のようになる。

1の場面　きょうだいたちと楽しくくらしていたスイミー
2の場面　きょうだいたちをまぐろに食べられかなしいスイミー
3の場面　おもしろいものに出会い元気になったスイミー
4の場面　赤い魚たちを守る方法をうんと考えたスイミー
5の場面　赤い魚たちと大きな魚をおいだしたスイミー

要約で、作品の構造を理解させることもある。要約は、次の形で、主人公の変化として記述させる。

…だった○○（主人公）が、…（きっかけ）によって…になった話

主人公のbefore～afterの筆記となる。スイミーの場合、次のようになる。

きょうだいたちをまぐろに食べられかなしいスイミーがおもしろいもので元気になり小さな魚が大きな魚にかつ方法を教える魚になる話（六一字）

主題は、作品が伝えたいメッセージとして、話題にしたい。私の場合は、主題を複数提示し、「今の自分にぴったりくるもの」を考えさせる。

発問 「かさこじぞう」の主題は、どれでしょう。

1 よいことをすると自分にもよいことがおきるということ。

2 人の心や行動はだれかが見ていてくれるということ。

3 世の中には、すごくやさしい人がいるということ。

4 ものがなくても幸せなくらしをしている人がいること。

全体の理解に関わる活動は、「学習指導要領」の学習過程で言えば、「構造と内容の把握」に対応する。

5 メタ的理解～意見・批評による作品理解

読解の授業を終えたあと、意見を筆記させる。一つの作品について、意見を筆記させるときは、次のいずれかの型を活用する。つまりここでは、意見（A）を生みだすために筆記（B）をすることになる。

筆記の型① 好きな場面を二つ選び、とくにその場面のどこがすき（すばらしい）かを書く

一番すきな（すばらしい）のは、〇の場面です。とくに、…（具体的に記述）。
二番目にすきな（すばらしい）のは、〇の場面です。とくに…（具体的に記述）。

筆記の型② 二項対立型で書く

ａかｂか、賛成か反対か等、二項対立の型を活用して、まとめる。樋口裕一氏の小論文筆記法の活用である。ｂに賛成の場合。

確かにaもよい。…（aのよいところを書く）…。
しかし、私は、bの方がよいと考える。なぜなら…（bのよいところを書く）。

その具体例。

二年生になって、二つの物語を学習しました。「きつねのおきゃくさま」と「スイミー」です。

たしかに、「きつねのおきゃくさま」もすきです。りゆうは、ひよことあひるとうさぎをたすけるために、一人でとび出していったきつねに勇気があると思ったからです。きつねは、小さいのにおおかみをおい出したのがすごかったです。

しかし、ぼくは、「スイミー」の方がよりすきです。なぜなら、大きな魚をおい出すスイミーの考えがすばらしいからです。スイミーは、自分が黒いから目になるとかんがえたのが、かしこかったと思います。スイミーは、大きな魚をおい出すのに、自信があったと思います。

二つの物語とも、だれかがあぶないときに、たすけたのがすごいと思いました。

意見・批評文の筆記と、発表・交流は、「学習指導要領」の学習過程で言えば「考えの形成」「共有」に対応する。

4 発問方法の5パターン

数多くの読解の授業をしてきた。私が発する発問は、次の五つに分類できることが分かってきた。

1 確認型…文章に書かれていることをダイレクトに問う
2 不思議型…不思議ですねと問う
3 ゆさぶり型…おかしくないですかとゆさぶって問う
4 対比型…比べてみましょうと対比的に問う
5 選択型…選択肢を設けて問う

1
確認型発問

時、人物、場所など、基本設定を確認するとき等によく使う。「答」「解」が、すぐ分かる問いである。「問いと答えの距離が短い」課題となる。いわゆる、「一問一答的発問」である。「一問一答はダメ」という声も聞く。が、テンポよく進めることによって、心地よいリズムが生まれる。ときに、「知」が生まれる。

スイミー2の場面。問う前に、作業指示を入れる。それが、ちょっとした間になる。

指示　「つっこんできた」を○でかこんでください。

発問　つっこんできたのは……。

もうこれだけで、挙手しようとする子がいる。「……いつですか」「……だれですか」のいずれかであることを、子どもは予想する。たった一つ○でかこむだけで、心地よい緊張が生まれる。早口にいう。

『だれですか』

全員挙手。『こちらを見ている目がすばらしいMさん』と指名。

「まぐろです」

『つっこんできたまぐろは、どんなまぐろですか』

「おそろしいまぐろ」

おそろしいまぐろが出てきたところで、少し、考える問題を登場させていく。

「易から難」へと展開していく。

不思議型発問を多用している。

「ちょっと不思議なところがあると思うのですが……」

「ここ、先生は、不思議だと思うんだけど……」等々、言い方は、いろいろある。

スイミーの2の場面の続き。

発問　不思議です。まぐろは、おそろしくないと思うのですが。さめならおそろしいけど……。

この「おそろしいまぐろ」を最初に読んだとき、私自身が、「まぐろの姿を思い浮かべた。同時に、さめの姿もイメージした」その後を読んで、「なるほど、小さな魚たちには……」と理解したのだった。同時に、ここを、問いにしたらどうかと考えた。

発問を考えるときは、文章中の不思議な箇所に注目する

発問づくりは、「不思議探し」から行なうとよい。「不思議」には、次の二つがある。

◎不思議だけど、教師は、一つの解、答を示すことができる。

△不思議な箇所について、教師も解を示すことができない。表現、作者の意図等、本当に不思議に思う。

授業の発問として提示できるのは、◎である。案の定、子どもからは、次のような声が。

「小さな魚は、大きな魚に食べられてしまうからこわい」

「まぐろは、小さな魚を食べにきた」

ここで、用意しておいた発問を出す。

発問　食べられるとは、どこにも書いてないですね。

次の意見が出される。

「『おなかをすかせて』とあります」

「『魚たちを一ぴきのこらずのみこんだ』とあるから食べにきたのです」

この発言には、「なるほど！」となる。

『まぐろがこわいのは、人間ではなくて、小さな魚たちなのですね』

「不思議」を発したとたん、教師と子どもとの縦の関係が、微妙に変わる。教材でなく、作品を共に眺める形となる。子ども達と教師との協働作業で、解を求めていく形となる。

あとがき
!?
!!
エッ!!

スイミーの2の場面での、まぐろについての不思議型の発問（50〜51ページ）。これらを、次のように言い換えることができる。

発問　ちょっとおかしいよ。まぐろは、おそろしい魚じゃないよね。さめならおそろしいけど……。

「ちょっとおかしいよ」と、問いかけている。このような、文章の表現や、子どもの常識的な考えを否定したり、挑発したりする発問は、「ゆさぶり型発問」と呼ばれてきた。ゆさぶることによって、思考を引き出す手法である。

「まぐろが食べにきたとは書いてない」という発問を、ゆさぶり型にするとこうなる。

発問　ちょっとまって。食べられるとは、どこにも書いてないよね。

こう言うことによって、意欲的に、文章を見させるというわけである。

部分的な言葉でなく、作品全体に関わるようなときに、「ゆさぶり型」で問うこともしてきた。

『海の命』の最後の場面。

B

発問 最後の、「やがて」から後の、「あとがき」は、いらないんじゃないだろうか。

教師のゆさぶりに、「そうだなあ」とうなずいたりもする子も出る。が、多くの子ども達からは、必要だという意見が、次々と出てくる。

「太一がどうなったか分からない」

「お母さんが、どうなったか分からない」

「この話が伝えたいメッセージが分からない」

分からないことが、続出。そこで、このあとがきから「分かったこと」を出し合うという活動が生まれる。「不思議型」にするか、「ゆさぶり型」にするかは、クラスの実態、教師と子ども達との関係によって考えたい。

人は、無意識のうちに、対比的に考える。この思考の根源的方法を、意識的に、発問・指示に取り入れる。これが、対比的発問である。

スイミー2の場面。「ミサイルみたいに」という表現に着目。二年生でも、ロケットならイメージできる。ロケットと対比させることで、ミサイルのこわさを理解させる。

発問 「ミサイルみたいに」つっこんできたとあります。「ロケットみたいに」とではどう違いますか。

指示 ロケットは…だけど、ミサイルは…という言い方で説明してください。

対比することで、考えやすくなる。次のような意見が出される。

「ロケットは、何かを調べるためのものだけど、ミサイルは、攻撃するもの」

「ロケットは、よいことをするのに使うけど、ミサイルは悪いことをするのに使う」

物語のある場面を授業することになった。次の一言で、授業ができてしまう。

発問 この場面は、前の場面とどこが違いますか。

ある物語教材を一度だけ音読させたあと、次の発問・指示をしてみた。

発問 この物語を大きく二つに分けるとしたらどこで分けることができますか。

指示 何段落の前と書いてください。

自分の考えをノートに書いたら、持ってこさせる。同じ考えの子とグループをつくる。出された段落番号を板書したあと、反対意見を出させる。

時間、場所、行動などで二つに分けられた箇所に、次々と反対意見が出された。問題点は見つけやすい。自分の考えがつぶされた子は、他のグループに行く。

最後は、「主人公の心情が一番変化」した段落を指摘したグループが勝利。いくつかのグループが生まれたあと、反対意見によるグループの消滅と統合。教室の中を子ども達がぞろぞろ移動する。このような半ば遊びを繰り返し、最後は、主人公の心情の変化について考え、なるほどとなる。文章を大きな二つの塊としてとらえ、対比的にとらえさせることにより探究活動が生まれたのである。

ア
イ
ウ

答えや解を最初から提示し、どれに賛成かを選択させる発問である。これも、時々使う。

二択の例。「お手紙」２の場面。

発問　手紙が到着するのに四日間かかると、かえるくんは考えていたのでしょうか。

ア　考えていた
イ　考えていなかった

二択は、実にシンプルである。アかイか、全員に挙手させる手もある。ノートに記号を書かせる手もある。四日かかった結果、結局、二人の幸せは拡大した。全文を音読した子の中には、「考えていた」ように思う子もいるだろう。

が、これはイである。その日、がまくんの家で、かえるくんは手紙が来るかを気にし、窓から外を見るからである。それを指摘する子が必ず出る。このように絶対解が特定される発問も必要である。

三択の例。「ふきのとう」の最初の場面。季節を考えさせることで、言葉をこまかく検討させたい。

B

発問 季節はいつでしょう。

ア　冬のはじめ
イ　冬のまん中
ウ　冬の終わり

指示 一つ選び、記号をノートに書きなさい。

指示 どの言葉でそれに賛成したのですか。最初の2ページの中の言葉を選んでください。

ア、イ、ウのいずれかをノートに筆記させる。記号を書くだけなら、だれでもできる作業である。

この発問の場合、ウの「冬の終わり」が特定される。根拠とされるのは、次の二つの言葉である。

・まだ、雪が少しのこって

・さむかったね
冬のまん中なら、「さむかったね」でなく、「さむいね」と言うはずである。このような意見が必ず出る。「なるほど！」という空気が流れる。

選択型発問は、全員を授業に参加させるために、使われることが多い。提示した選択肢が、思考を促し、主体の浮上に寄与するかの吟味が必要だ。

5 思考を引き出す指示の5パターン

指示の重要性については、冒頭で述べた。ここまでに例示した発問も、指示とセット化して活用している。その指示は、結局は、五つに分類できる。

指示の言葉にも、「ゆれのないモノ」を入れることを意識する。

1 作業指示

思考を促すための個人の、主に手先を使った作業方法を示す指示。

「言葉を○でかこみましょう」

「ア、イ、ウのうち、どれかを選び、ノートに書きましょう」

「青鉛筆で書きましょう」

2 活動指示

思考を促すために主に身体を使った活動の方法を示す指示。

「ノートに書いたら、先生に見せにきましょう。先生のとなりに来てください」

「ペアで話し合ってください」

「発表者は、グループで一人です」

3 条件指示

活動する際の条件を示す。条件や限定の指示は、制約でもあり、思考の支え、ヒントでもある。

「二五字以内でまとめましょう」

「最後は、『こと』という言い方でまとめてください」

「○ページの中で探してください」

4 数指示

思考を促すための数の提示。条件指示の一つ。数の違いで思考内容まで変わる重要指示である。

「三つ見つけてください」
「発表者は五人です」
「小見出しを二五字以内でまとめましょう」

5 時間指示

作業や活動の時間の提示。これも条件指示の一つ。時間によって思考の質まで変わってくる。

「30秒で探してください」
「ペアの話し合いは1分です」
「席を離れて3分間フリーに話し合ってください」

6 図式　発問・指示のつくり方

ここまで説明してきた、「Aさせたいなら Bと言え」「ゆれのないモノ」「読解内容の5パターン」「発問方法の5パターン」「指示の5パターン」を一つの図にしてみた。

この図を見ながら、発問・指示をつくっていく過程を考えていきたい。

教材は、「ふきのとう」の5の場面。お日さまが登場する。お日さまが、とても面白く描かれている。

〈読解内容～Aさせたいこと〉
お日さまの行動を通しお日さまの心情と人物像を考えさせたい。

物語の読解～発問・指示の組み立て方

Aさせたいなら

発問による読解内容5パターン
①状況～時・場所・人・物・事・話者
②人物～行動・知覚物・心情・思考・
人柄・人物像
③場面～見出し・構造
④全体～構造・要約・主題
⑤意見・批評

発問方法5パターン
①確認型
②不思議型
③ゆさぶり型
④対比型
⑤選択型

指示5パターン
①作業
②活動
③条件
④数
⑤時間

ゆれのないモノ6
①物（登場物）
②人（名前）
③場所
④数
⑤音
⑥色

Bと言え

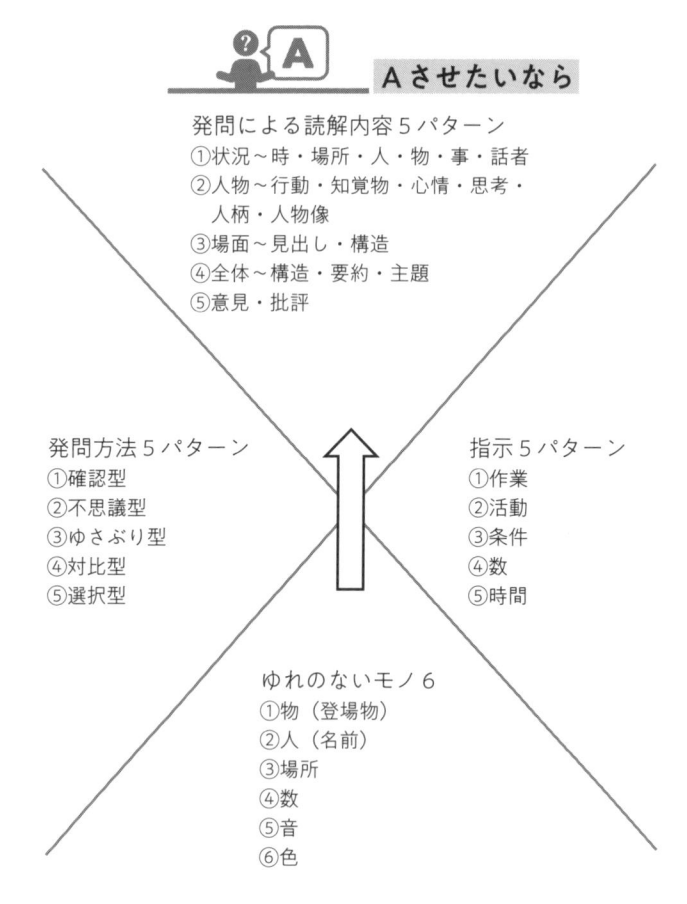

考えさせたいのは、お日さまの行動、心情、人物像である。「お日さまの行動」を直接問いたくなるが……。待てよ。それまでに出てきた「ふきのとう」「雪」「竹やぶ」という「人物（ゆれのないモノ）」とは、あまりに違う。そうだ。それらと比べることで、お日さまの姿をくっきりとイメージさせることができるのではないか。対比型で問えばいい。

つぎのような発問はどうか。

発問　この場面の登場人物のお日さまは、前に出てくる登場人物、ふきのとう、雪、竹やぶとは、ずいぶん違いますね。どこが違うのでしょうか。

（④対比型発問）

さて、どのような指示が必要か。まず、考えやすいように、発表の型を示すことにする。次の条件指示を用意する。

指示　「お日さまだけは……」という言い方で発表してください。（③条件指示）

子どもは、他の登場人物と比べて、違うところを見つけようとするだろう。大事なことは、見つけたあと何をするかだ。そこで、用意したいのが数指示、作業指示、時間指示だ。

指示　三つ見つけて、ノートに書いてください。（④数指示①作業指示）
指示　時間は、３分間です。（⑤時間指示）

このあと、ペアで相談させたあと、発表させる（②活動指示）。対話的活動がスタートする。

発表してもらう。

「お日さまだけは、空にいる」
「お日さまだけは、こまっていない」
「お日さまだけは、願いを言っていない」
「お日さまだけは、みんなが困っていることを知っている」
「お日さまだけは、南を向く」

「お日さまだけは、春風にしゃべる」
「お日さまだけは、わらう」
三つ探して安心していたのに、何と七点以上のお日さまの姿が出てきた。これには、みんな驚き。発表し合うことの良さを味わうことになる。

ここで、最後の指示。

発問　お日さまって、まるで○○○○みたいですね。（①確認型発問）
指示　四文字で答えてください。（④数指示）

「ちちおや」「ははおや」「かみさま」等が出るだろう。どれも、「なるほど、確かに……」となる。最後は、「空にいる」「みんなが困っていることを知っている」を根拠に、「かみさま」に賛成する子が多くなる。「AさせたいならB～ゆれのないモノ」を常に根底に置きながら、発問・指示を駆使することによって、お日さまの行動、心情、人物像が明らかになる。

物語の読解～発問・指示の組み立て方
「ふきのとう」5場面

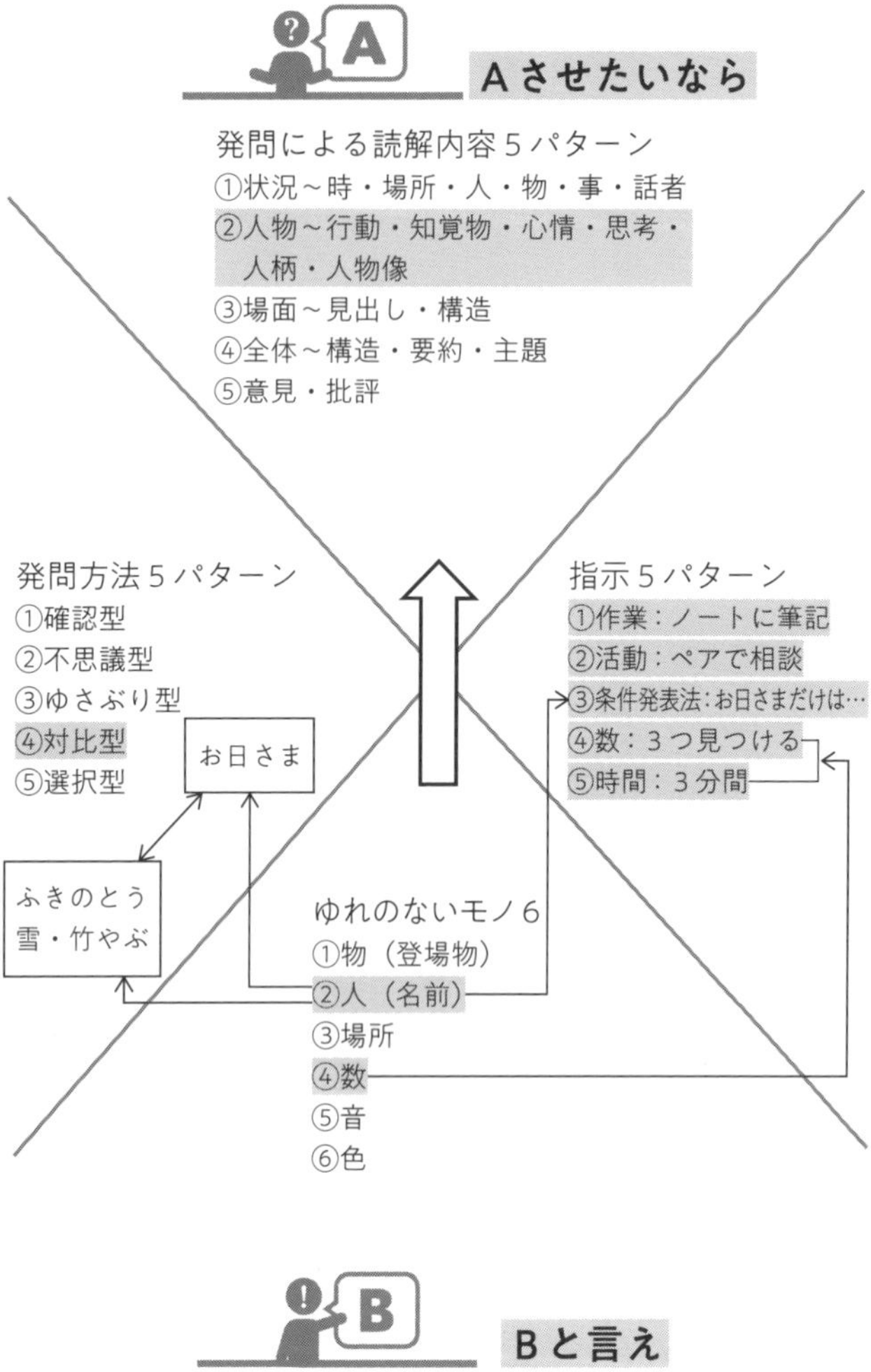

第2章

定番物語教材の
発問・指示のつくり方

語り手という言葉を教える

A 物語の基本の形を知らせたい

「はなの　みち」。光村図書、一年生教科書の最初に出てくる物語です。くまさんが、花の種を見つけ、何の種か聞きに行くというシンプルな話。文と挿絵が響き合い、とてもよい教材。一年生の四月に、読解の授業ができてしまいます。物語は、語り手が話しているということまで知らせることができます。

B 「くまさんが…」と話しているのはだれですか

全文を何度も音読をしたあとに問います。

1発問　「おや、…いっぱいはいっている。」と言っているのは、だれですか。〔確認型発問〕

2発問　では、「くまさんが…みつけました。」と言っているのは、だれですか〔確認型発問〕

子どもの活動&思考

1発問は、「くまさん」とすぐ出ます。そこで、2発問で地の文「くまさんが…」は、だれが話しているのか聞きます。実は、一年生を担当したとき、なんとなく、2発問をしてしまったのです。ばらばらと手があがりました。指名すると、何とその子は、「ナレーター」と言いました。瞬間、私は「そうそう。ナレーターです」と興奮気味に言いました。続けて、心を落ち着かせながら、「ナレーターは、日本語で語り手と言います」と言い、語り手を一斉音読してもらいました。

すると、まだ、手をあげている子がいます。指名すると、「小鳥」と言います。確かに小鳥が見ています。次のページを見ると、りすさんの家に行ったくまさんの上に、小鳥がいるのです。最後の春になった絵でも、とりさんがくまさんの家の上にいて、花の道を見ています。とりさんが、語っているように見えてくるのでした。「小鳥がナレーターになってお話していると考えることもできますね」一年生の発言に学んだ瞬間でした。

一年生の最初の物語教材で、物語の文章の基本の型を知らせる。一年生でも、地の文は「語り手」が話していることが理解できる。

不思議ですねで思考させる

A　物語の大事なことは文に書いてあると分からせたい

「はなの　みち」の二つめの絵がとても面白いです。くまさんは、もうりすさんの家に到着しています。りすさんの家は、一番遠いところにあります。手前に、うさぎさんや、たぬきさんがいます。この絵を見ているうちに、ある問いが思いつきました。

B　なぜ、遠くのりすさんのところに行ったの？

1 発問　不思議です。くまさんは、なぜ、りすさんのところに、聞きにいったのでしょう。近くの、うさぎさんや、たぬきさんのところに行けばいいのに。〔不思議型発問〕

2 指示　「くまさんが、ともだちの…」の文を全員で読みましょう。〔活動指示〕

3 発問　種がなくなったことにくまさんが気がついたのは、どこでしょうか。〔確認型発問〕

4 指示　このくまさんは、どんなくまさんでしょう。「〇〇くまさん」と名前をつけ

〔条件指示〕

てあげましょう。

子どもの活動＆思考

1発問で、子ども達は、まず挿絵を見ることになります。そして、くまさん、りすさん、たぬきさん、うさぎさんを確認することになります。その直後、何人かが挙手します。絵から文を見たのでしょう。指名します。「友達だから」と出ます。「そうです。友達と書いてありますね。このように、物語の問題の答は、ほとんど文の中に書いてあります」

3発問で、くまさんが、りすさんの家まで、種のことに気づかなかったことを確認します。その後、4指示で、「〇〇くまさん」とネーミングさせます。「うっかりくまさん」「あわてんぼうくまさん」「おっちょこちょいくまさん」等が出るでしょう。すべて、「よく思いつきました」と賞賛したあと、「このように、国語の問題は、自分で言葉を考えることもあります」と説明します。

一年生に、物語の授業では、文の中の言葉を見ることで、問題の「答」が分かることを教える。また、言葉は書いてないので、自分で言葉を考える問題もあることを知ってもらう。いずれにしても、そのように、言葉を考える面白さを知らせたい。

挿絵を比較して考えさせる

A くまさんのおかげで花の道ができたと分からせたい

春になった絵が面白いです。袋に穴が空いているのに気づかなかったくまさんのおかげで、何と花の道ができています。みんな大よろこび、春になった動物たちのよろこびを味わわせたいです。

B 二つの絵で違うところを見つけましょう

1発問 二番めの絵をAとしましょう。最後の絵をBとしましょう。AとBは、同じ場所ですが違うところがたくさんありますね。どこが違いますか。〔対比型発問〕

2指示 「Aの絵は…だけど、Bの絵は…」という言い方で、違うところを、できるだけたくさん見つけてください。〔条件指示〕

3発問 「ながいはなのいっぽんみち」をつくったのはだれでしょう。〔選択型発問〕

ア　くまさん　　イ　りすさん

子どもの活動&思考

1発問、2指示で、つぎのような声が出るでしょう。

①Aは木や地面に葉がないけど、Bは葉がある。②Aは池になにもいないけど、Bはかえるとおたまじゃくしがいる。③Aはちょうがいないけど、Bはちょうがいる。④Aはきつねもたぬきも木の中にいるけど、Bは遊んでいる。⑤Aは種だけど、Bは花が咲いている。⑥Aはうさぎは見ているけど、Bは花かんむりをしてよろこんでいる。⑦Aはくまとりすが話してるけど、Bは二人ともよろこんでいる。

「Aは冬で、Bは春」という声が出たら問う。「でも、春とは書いてないですよ」すると、本文を見て、「あたたかいかぜと書いてあります」という子が出てくる。3発問は、ほぼ全員、くまさんを選ぶ。「くまさんが、種がこぼれているのに気づかなかったから」と。「りすさん」と言う子は、「りすさんが種をそのままにしておこうと言ったから」等と。「なるほど、そうかもしれませんね」と私。

教室の前面に二枚の絵を拡大して投影したい。絵の検討だけでなく、必ず言葉を話題にする。言葉が話題になる度に音読させる。

図を用いて言葉を検討させる

A ふきのとうがなぜ困っているか考えさせたい

ふきのとう。最初はどこにいるか分かりません。ふきのとうの声で、どこにいるかが分かります。語り手（話者）が、ふきのとうについて語っていきます。ふきのとうはこまっています。ふきのとうが、今どこにいるか、考えることで、言葉を検討していきます。

B ふきのとうは、A、B、Cのどこにいるでしょう

1発問 不思議です。ふきのとうは、どこにいるのでしょう。〔不思議＋選択型発問〕

A　土の中
B　雪の中
C　空気の中

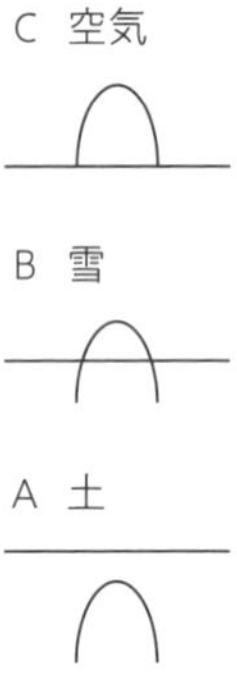

2指示 ノートにA、B、Cと書いて、一つに○をつけましょう。〔作業指示〕

3指示 （列指名し、）○をつけた記号だけ言ってください。〔条件指示〕

4指示 反対意見を言ってください。教科書のどの言葉があるから反対なのか、言っ

てください。（理由つき自由発表）　〈活動指示〉

5指示　次の言葉を入れて、この場面に小見出しをつけましょう。二五字以内。最後は、ふきのとうでまとめなさい。　〈数＋条件指示〉

・ふきのとう、雪、外が見たい、ふんばって

子どもの活動＆思考

4指示で出される意見は以下のようなものがあります。

Aに反対　・Aはもう重たくない　・外が見たいと言っている。Aはもう外。

・ふんばっていると言っている。Aならふんばる必要はない。

Cに反対　・Cは、頭を出せない　・雪をどけようとあるのに、Cは雪がない。

結局、Bということになります。

5指示の見出しつけの一例。「外が見たいと雪をどけようとふんばっているふきのとう」（二五字）

図というモノを使うことで、結果として、言葉の検討が起こる。今回のように、反対意見を述べさせることで、気づき、学びが生じることがある。

対比と小見出しつけで人物の状況を理解させる

A　雪と竹やぶがどのような関係になっているか分からせたい

3の場面を読むと、雪がふきのとうにあやまります。2の場面でふきのとうの言葉を、実は、雪が聞いていたことが分かります。4の場面を読むと、3の場面の雪の言葉を竹やぶが聞いていることが分かります。つまり、2の場面で雪が、3の場面で竹やぶが聞き手として登場していると考えてもよいということです。

B　雪と竹やぶの違いを見つけ小見出しをつけましょう

1発問　3の場面の人物の雪と、4の場面の人物の竹やぶの似ているところと、違うところを見つけましょう。〈対比型発問〉

2指示　「雪は…だけど、竹やぶは…」という言い方で、違いを三つ見つけましょう。〈条件＋数指示〉

※発表のあと

3指示　3と4の場面に小見出しをつけましょう。見出しの最後は、雪、竹やぶでま

とめます。二五字以内で。　　〔条件＋数指示〕

子どもの活動&思考

2指示によって出される意見は、つぎのように板書していきます。

雪　↕竹やぶ

〔だれに〕　①ふきのとうにあやまる　↕雪にあやまる

〔ねがい〕　②とけたい～あそびたい　↕おどりたい～日があたる

〔ざんねん〕　③お日さまがあたらない　↕はるかぜがこないのでおどれない

3指示でまとまる3の場面と4の場面の小見出し。

3の場面「とけて遊びたいけどお日さまが当たらないと残念がる雪」（二五字）

4の場面「ゆれておどりたいけど春風がふかないと残念がる竹やぶ」（二五字）

いずれも、二五字以内にまとめるために、漢字にしてもいいこと、「そうな」を「がる」におきかえる方法を紹介しています。

小見出しつけは、あえて二五字という制約を設け、言葉、漢字を検討する機会にしたい。時に習っていない漢字もＯＫとする。

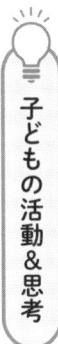

だれのおかげでどうなったかまとめる

A 物語のクライマックスの面白さを味わわせたい

はるかぜがふいたことで、状況が次々と変わっていき、ついにふきのとうが顔を出します。それが、まるで詩のように書かれており、音読するだけでも心地よいです。ここでは、筆記させることで、面白さを味わわせたいです。ふきのとう自身のふんばりにも注目させたいです。

B ふきのとうはだれのおかげでどうなったか書きましょう

1発問 ふきのとうは、だれのおかげで、どうなったのでしょう。次の形で、まとめましょう。「a…だったふきのとうが、b…によってc…どうなった」

〔確認型発問＋条件指示〕

2指示 次の言葉を入れてまとめましょう。五〇字以内。5分間です。

〔条件＋数＋時間指示〕

・お日さま、はるかぜ、たけやぶ、雪、ふんばって、外が見られなかった、顔を出した

3指示　書いたら、字数を数え、最後に字数を書き、持ってきましょう。どうしても、字数が超える人も持ってきてください。〔活動指示〕

子どもの活動&思考

子ども達は、提示された言葉を全部入れてつくることになります。次のような大幅に字数を超えたものができあがります。その中から、一～二つを板書します。

「ふんばっても外が見られないとこまっていたふきのとうが、お日さまにおこされて春風がふき、竹やぶがゆれ、雪がとけ水になり、ふんばったことで顔を出した話」（七三字）

これをどう削り、五〇字にするか。これが、小見出しつけ作業の面白い場面です。だれが、どう削ったかを板書に記していきます。右の例を五〇字以内にしたものを紹介します。

「外が見たかったふきのとうがお日さまに言われ春風がふき竹やぶがゆれ雪がとけ自分もふんばり顔を出せた話」（四九字）

主人公の before～きっかけ～after の一文では教師が予め作成し、字数を決める。字数を減らしていく活動は、いつも盛り上がる。言葉、文、場面全体の理解もできる。

数指示で理由を考えさせる

A まぐろからにげたスイミーの行動と心情を考えさせたい

突如、つっこんできたまぐろ。食べられてしまうきょうだいたち。一匹だけにげることができたスイミー。その様子を形象化させたいです。にげることができたけど、こわく、さびしく、かなしいスイミーの思いを考えさせたいです。

B スイミーがにげることができた理由を三つ見つけましょう

1指示　「にげたのはスイミーだけ。」を○でかこみましょう。〔作業指示〕

2発問　なぜスイミーだけにげることができたのでしょう。〔確認型発問〕

3指示　それが分かるところを三か所見つけましょう。〔数指示〕

4指示　二五字以内で、この場面に小見出しをつけましょう。〔数指示〕

5指示　つぎの言葉を入れます。

・スイミー、きょうだいたち、まぐろ、にげた　〔条件指示〕

6発問　小見出しに入れるスイミーの心情を一つ選びます。どれでしょう。

〔選択型発問〕

ア　こわい　　イ　さびしい　　ウ　かなしい

子どもの活動&思考

1指示。発表させると、「だれより泳ぎが速かったこと」と「まっくろなこと」はすぐ出ます。もう一つは「下に向かって泳いだこと」です。「海のそこ」が根拠です。必ず気づく子がいます。作者が描いた挿絵でも、スイミーだけ下方に向かっています。これも話題にします。

6発問でスイミーの心情を一つ選択させます。「きょうだいたちを食べられたので、かなしいを入れたい」という意見が多く出るでしょう。小見出しは次のようにまとまります。「きょうだいたちをまぐろに食べられかなしいスイミー」（二四字）。ただし、三つの心情を入れた次の代案も用意しておきます。「きょうだいをたべられこわくさびしくかなしいスイミー」（二五字）

「数指示」がいかに有効かが分かる。また「見出しつけ」の検討で、心情まで考えさせることができる。これらも、「Aさせたいなら B」と言っている。

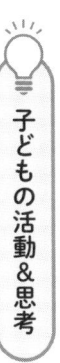

間違いの提示で正しく読解させる

A　面白いものを見て元気を取り戻すスイミーの心情を考えさせたい

海の底で、スイミーが見た、面白いものを映像化させたいです。また、面白いものを形容した比喩の言葉も検討させたいです。

B　スイミーはこんなにたくさんのものを見たのですね

1発問　スイミーは、たくさんのものを見たのですね。（と言ってつぎのものを投影）

〔ゆさぶり型発問〕

①ゼリー　②にじ　③　くらげ　④水中ブルドーザー
⑤いせえび　⑥　魚たち　⑦糸　⑧　ドロップ
⑨岩　⑩こんぶやわかめ　⑪うなぎ　⑫やしの木　⑬いそぎんちゃく

※子ども達から、「おかしい」という声が出たところで

2指示　この中で、見ていないものを言ってください。

〔条件指示〕

※にじ、ゼリー、水中ブルドーザー、糸、ドロップ、やしの木が出る。

3発問　「にじ色のゼリーのような」等と言っているのはだれですか。〔確認型発問〕

4説明　語り手です。スイミーは、やしの木などを知りません。読者が分かりやすいように、語り手が読者にたとえを使って伝えているのです。

子どもの活動&思考

1説明で「たくさんのものを見たのですね」と話しながら、3の場面に出てくるものを表す言葉を全部紹介します。子どもから、「おかしい」「違います」と出ますので、「どれが違うの」と聞き返します。これも、「ゆさぶり型発問」の一つですね。

2指示で、「出てきていないもの」を考えさせます。「にじ」「ゼリー」「水中ブルドーザー」「ドロップ」「やしの木」は、比喩（たとえ）として、語り手が使っていることを説明します。語り手が、スイミーの目で、スイミーの見たものを、読者に語っているという、物語のしかけを知ることになります。

わざとまちがいを提示することで、子どものやる気と思考を活性化させる方法。これも、「ゆさぶり型発問」の一つとして、他の教材でも活用したい。

思い浮かべたモノを考える

A スイミーは何をうんと考えたのかを想像させたい

大きな魚をこわがる小さな赤い魚たちに出会い、スイミーは、いろいろ考えます。うんと考えます。「何を考えたのでしょう」と、考えたことを聞きたくなります。ここでは、考えたときに浮かんだ可能性のあるモノを、選択肢を設けて、考えさせます。

B スイミーは何の姿を思い浮かべたのでしょう

1指示 「いろいろ考えた」「うんと考えた」を○でかこみましょう。〈作業指示〉

2発問 このとき、スイミーは、何の姿を思い浮かべたでしょう。〈選択型発問〉

五つ、考えてみました。

①食べられたきょうだいたち　②ミサイル
③出会った面白いもの　④目の前にいる小さな魚たち
⑤おそいかかる大きな魚

3指示 この中から三つ選び発表してください。理由はいりません。〈数指示〉

4指示　反対を一つ選び、理由を発表してください。（五人発表）　〈数指示〉

5指示　選んだ三つについて、そのものが、どんな動きをしている姿を思い浮かべたかを説明してください。（五人発表）　〈活動指示〉

子どもの活動&思考

「いろいろ考えた・うんと考えた」について、「何を考えたのか」と問えば、「大きな魚にやられない方法」などが出ておしまいです。そこで、頭に浮かんだ「モノ」を考えてもらいます。用意したのが、五つの選択肢。3指示では、①④⑤に賛成者が出ます。これは、可能性大で〇。4指示では、②③に反対が出ます。③の「面白いもの」は、可能性0とは言えず△。②は語り手の言葉ですから、明らかに×です。読解の授業で、明らかに×が出ることも必要です。5指示では、その登場した「モノ」の行動を語らせます。この発表によって、スイミーの考えが浮上します。

「考えたこと」でなく、頭に浮かんだ「モノ」を考えさせることで、その人物の心を考えることができる。ここでのBの言葉は「ゆれのないモノ」を入れるという原則の活用でできた発問・指示。

行動理由をペアで相談筆記させる

A 赤い魚たちがスイミーの言うことを聞いて行動したわけを考えたい

不思議です。スイミーが何を言っても、大きな魚をこわがってなかなか出てこない小さな赤い魚たちが、突然、スイミーの言うことを聞いて、スイミーの指示通り、動きはじめます。なぜ、小さな赤い魚たちは、スイミーの言うことを聞いたのか考えさせたいです。

B 赤い魚たちがスイミーの言うことを聞いた理由を三点書き出しましょう

1発問 みなさん、不思議だと思いませんか。「出てこいよ…」と言っても、「だめだよ。大きな魚に食べられてしまうよ。」と言っていた赤い魚たちが、スイミーの言うとおりに動いて、大きな魚をつくりますよね。〔不思議型発問〕

2指示 赤い魚たちがスイミーの言うことを聞いて行動した理由を三点考えてください。〔数指示〕

3指示 ペアで相談して、ノートに書きましょう。〔活動＋作業指示〕

子どもの活動&思考

1発問の「不思議だと思いませんか…」で、子ども達と問題を共有し合います。

2指示により、赤い魚たちが行動した理由を三点考えて筆記する作業をペアでしたあと、全体で意見の交流を行います。つぎのような、意見が出ると思われます。

①みんなで大きな魚をつくって泳ぐという話を聞いてなるほどと思ったから。

②スイミーが自分たちのためにうんと考えてくれたのを見ていたから。

③自分の持ち場を教えに来てくれたから。

④スイミーの「そうだ…」のさけびで元気が出たから。

どれも、なるほどと思える納得解と言えます。このような意見が出る度に、スイミーと赤い魚たちの行動が、映像化されていきます。

直接の解が書いていない理由を考える問いに対して、文章中の言葉を手掛かりに解を考えることがまさに、読解の醍醐味である。ここでは三点を、ペアで相談しノート筆記するという指示の力を借りて考えさせている。

主人公の変化を before～after でまとめる

A スイミーはどのように変化したのか理解させたい

スイミーを変えたものは何でしょう。まず、海の底で出会った面白いものです。その様々なモノが、きょうだいの魚たちを失った悲しみをいやし、未知のモノに出会う喜びをもたらします。スイミーの世界は広がります。そんなときに、大きな魚をこわがる赤い魚たちと出会います。赤い魚たちが自分達で身を守る方法を精一杯考え、教え、実際に、大きな魚を追い出します。悲しみから他者への愛が生まれ、他者を自立させようとします。短い話の中に、一人の人物の一生の成長物語が凝縮されています。

B スイミーの変化を before～きっかけ～after でまとめましょう

1発問 スイミーは、何がきっかけで、どのように変化していますか。〈確認型発問〉

2指示 スイミーの変化を、次のような形でまとめてください。「…before…だったスイミーが…（きっかけ）…により…after…になった話」〈条件指示〉

3 指示 次の言葉を入れて、七五字以内でまとめましょう。〔条件＋数指示〕

・スイミー、きょうだい、まぐろ、かなしい、おもしろいもの、元気、小さな魚たち、大きな魚にかつ方法、ちえとやさしさ

子どもの活動＆思考

黒板の「…だったスイミーが…によって…になった話」という型を見ながら、ノートに筆記させていきます。二年生には、なかなか大変な作業です。子どもが書いたものをもとに、とりあえず、一つ板書し、それをもとに、話し合いで、加除修正していきます。その一例です。

「きょうだいをまぐろに食べられかなしいスイミーがおもしろいものを見て元気になり、小さな魚たちが大きな魚にかつ方法をおしえるちえとやさしさを持つ魚になる話（七五字）」

教師は、しっかりアドバイスしていきます。子どもと教師の共同作業です。

作品によっては、このように、主人公の before～きっかけ～after を筆記させる。作者が込めた物語の軸の理解である。物語作品の論理を読解する試みでもある。

人柄が分かる行動を探させる

A　かえるくんのやさしい人柄を考えさせたい

物語の初めから最後まで、かえるくんのやさしさがあふれています。「かえるくんはどんな人でしょう」と問いかけても、深まりは生まれません。やさしさが分かる行動を文章から見つけさせることで、やさしさを確認していきます。文章全体から見つけるのは、少々大がかりな作業となります。そこで、１・２の場面という枠の中でやさしい行動を考えさせます。３・４の場面では、不思議な行動を考えさせることでやさしさが浮上することになります。５の場面では、かえるくんは「何がしあわせか」を考えさせることで、かえるくんの人柄を考えさせます。

B　１・２の場面から、かえるくんのやさしさが分かる行動を四つ見つけましょう

1発問　かえるくんは、めちゃくちゃやさしいですね。かえるくんのやさしさが分かる行動を探してみませんか。〈確認型発問〉

2指示　１・２の場面の中から、四つにまとめてみましょう。〈数指示〉

3指示 「…こと」という形で、一つ二〇字以内でまとめてみましょう。

〔条件＋数指示〕

子どもの活動&思考

ある授業のとき、面白い展開になりました。子どもから、「がまくんに手紙を書いたこと」が出ました。私は「それは、3番めですね」と言い、③のところに、筆記しました。この教師の行動がヒントになり、他の三点も発表されることになりました。②が発表されることで、①もまとめやすくなりました。二〇字以内という指示でさらなる知も発生しました。板書の最終的な結果です。

①がまくんの話を聞いてあげたこと
②がまくんと手紙を待ってあげたこと
③がまくんに手紙を書いたこと
④かたつむりくんにたのんだこと

かえるくんのやさしさは、もう当たり前のこと。ここでは、人柄を聞くのではなく、やさしさが分かる行動を見つけさせることで、かえるくんのやさしさを具体的に明らかにする。

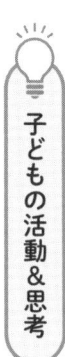

かえるくんとかたつむりくんの関係を理解させる

A かえるくんが、かたつむりくんに手紙をたのんだ理由を考えさせたい

かえるくんが、手紙をかたつむりくんにたのんだことから、この話は、とんでもなく面白い方向に進みます。かたつむりくんに手紙をたのむことになったいきさつを、明らかにすることで、かえるくんの行動が計画的ではなかったことが明らかになります。

B かたつむりくんに手紙をたのんだ理由を三つ考えましょう

1発問 不思議。かえるくんは、なぜかたつむりくんに手紙を頼んだのでしょう。〔不思議型発問〕

2指示 いくつか、理由があると思います。三つ理由を考えてみましょう。〔数指示〕

3指示 それが分かるところを三つ見つけ、波線を引きましょう。〔数＋作業指示〕

※発表

4発問 かたつむりくんは、四日間かかって、がまくんの家に到着します。かえるくんは、かたつむりくんが、四日かかると思っていたのでしょうか。

〔選択型発問〕

ア　思っていた　　イ　思っていなかった

子どもの活動＆思考

3指示で、波線を引いたあと、発表させます。

①知り合いだったから（知り合いのと書いてあるから）　②すぐやってくれると思ったから（すぐやるぜと言っているから）　③ぐうぜん会ったから（家からとび出したあと会ったから）　④歩くのがおそいから（おそいとがまくんと二人で待てるとかえるくんは思ったから）

この四点が出るでしょう。もし、出なければ、教師の考えとして紹介します。

4発問では、一斉挙手か、列指名のあと、そう考えた理由を発表させます。これは、イが正解です。3の場面で、かえるくんは、何度も窓へ行き、かたつむりくんを待っているからです。四日もかかるとは思っていなかったということです。

「不思議型発問」でスタートし、「数指示」で、文章を読ませている。「選択型発問」では、二者択一型で全員参加を促している。

かえるくんの不思議な行動に着目させる

A

かえるくんのとんでもないやさしさを考えさせたい

3の場面のかえるくんの行動が面白いです。悲しみふてくされるがまくんを前に、何とかしようとします。ついに自分が手紙を出したことを言い、何と手紙の内容まで言ってしまいます。がまくんへのやさしさがあふれます。結局、1・2の場面に続いて、かえるくんのやさしさが書かれているのですが、3の場面では、かえるくんの不思議な行動に着目させることで、かえるくんのとんでもないやさしさを浮上させます。

B

かえるくんの不思議な行動を三つ考えてください

1説明 3の場面では、かえるくん、びっくりするような不思議な行動をしますね。

2発問 不思議だなと思うところは、ありませんか。〔不思議型発問〕

3指示 三つ探してください。〔数指示〕

4指示 ペアで相談して、見つけてください。〔活動指示〕

5指示 「…こと」とまとめてください。〔条件指示〕

※発表

6発問 手紙のなかみを言ってしまってよかったのでしょうか。〔ゆさぶり型発問〕

子どもの活動&思考

5指示の結果、子ども達からは、次のような考えが出されるでしょう。

①手紙を出したことを言ってしまうこと ②手紙のなかみを言ってしまうこと ③がまくんになかみを聞かれてすぐに言ってしまうこと ④手紙がくるか何度もまどのところへ見にいくこと

6発問では、列指名で、よかったかどうかを十名ほどに聞き、その後、理由を言ってもらいます。次のような声が聞けるでしょう。「よかったと思います。それで、がまくんの悲しみはなくなったし、よろこんで手紙を待つことになったから」。かえるくんの行動は、成功します。かえるくんのやさしさはがまくんに通じたということです。

ここでは、不思議な行動を問うことで、行動の形象化と心情理解を深めさせている。ここでも、「数指示」を出している。読解に「数指示」は欠かせない。

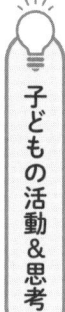

「なぜ質問」でなく「こと指示」で心情に迫る

A がまくんとかえるくんの心情を考えさせたい

がまくんとかえるくんが、二人でお手紙を待つ、この話の最高に素敵なところです。ここでは、がまくんだけでなく、かえるくんの心情こそ考えさせたいです。「なぜ、しあわせなのでしょう」と問いたくなりますが、ここは、「なぜ質問」でなく、「こと指示」をします。

B 二人は何がしあわせでしょうか。三つ考え「…こと」とまとめてください

1指示 「ふたりとも、とてもしあわせ」に線を引いてください　〈作業指示〉
2発問 がまくんは何が幸せなのでしょう?　〈確認型発問〉
3指示 三つまとめてみましょう。　〈数指示〉
4指示 ペアで相談して、見つけてください。　〈活動指示〉
5指示 「…こと」とまとめてください。　〈条件指示〉
※発表
6発問 かえるくんは、何が幸せなのでしょう。　〈確認型発問〉

※このあと、3指示、4指示、5指示をします。

子どもの活動&思考

がまくん、かえるくんの幸せについて、出されると予想されるもの。

〔がまくん〕 ①手紙をもらったこと ②かえるくんが手紙をくれたこと
③親愛、親友と書いてくれたこと ④いっしょに待ってくれていること

〔かえるくん〕 ①がまくんのきげんがよくなったこと ②手紙をよろこんでくれたこと
③親友、親愛と書けたこと ④いっしょに待ってくれていること

指示では、三つを提示したのに、最終的には、それぞれ四点になります。それで、子ども達には、達成感が生まれます。

問うときは、「なぜ」より「こと」。「こと」より「もの」だ。行動を考えさせるときは、「…こと」でまとめるという「条件指示」の提示で、思考のフレームができ、作業が進む。

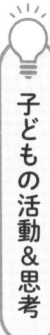

手紙のやりとりで読解を深化させる

A 登場人物の心情を想像させたい

登場人物に手紙を書く。国語の授業でよく行われている作業です。架空の物語の世界にいる人物に、現実の世界にいる生身の自分が手紙を書く。私は、とても書けません。かえるくんに、自分のことをどう説明するのでしょうか。かえるくんにがまくんから返事を書く。これなら書けそうです。物語に書かれている二人の関係というフレームを踏まえ、書くのです。登場人物同士なら、書くことで、思わぬ想像が生まれ読解が深化します。

B 登場人物同士で手紙を書きましょう

1指示 登場人物同士で手紙を書き合いましょう。〔条件＋作業指示〕

・がまくん↕かえるくん　・がまくん↕かたつむりくん　・かえるくん↕かたつむりくん

2指示 手紙の宛名は、「〇〇かたつむりくんへ」、差出人は、「〇〇がまより」というように、ネーミングしましょう。〔条件指示〕

子どもの活動&思考

登場人物同士でも、手紙を書くのは無理があるという物語が多いです。スイミーややまなしなどもそうです。ごんぎつねの場合、兵十から加助ならできないことはありません。「お手紙」は、例外中の例外。実に面白い手紙が生まれます。筆記された数少ない情報を支えとして、想像力が発揮されます。

〔親友かたつむりくんへ〕かたつむりくん。お手紙をもってきてくれてありがとう。きみのおかげで、がまくんよろこんでいたよ。四日も歩き続けて、つかれたよね。きみもぼくたちの親友だよ。〔親友かえるより〕

〔やさしいかえるくんへ〕がまくんからきいたよ。がまくんが一どもお手紙をもらっていないことをしったら、すぐに書いたんだよね。きみはすごくやさしいよ。〔きみをやさしいと思ったかたつむりより〕

「登場人物へあなたから手紙を書きましょう」は、私の禁句の一つである。ただし、手紙をやりとりすることが不自然でないという設定の場合、登場人物同士で手紙のやりとりで、読解が深化する可能性がある。「お手紙」は、その典型。

主人公の思考したところを考えさせる

A 豆太の心情の変化を考えさせたい

この教材では、多くの先生が、「豆太の心の変化」を発問にします。私も、かつては、「豆太の心が一番変化したのはどこか」で授業していました。すると、最終的には、灯のついたモチモチの木を見たところに、賛成意見が多く出ます。「家をとび出したところ」「じさまに勇気があると言われたところ」も、変化しています。どうも、すっきりと終了できていませんでした。

そこで、思いついた発問です。

B 自分は勇気があると豆太が思ったのはどこでしょう

1発問 自分は勇気があると、豆太が思ったのはどこでしょう。次のア、イ、ウのどこでしょうか。〔選択型発問〕

ア　医者様を呼びにいくところ
イ　灯のついたモチモチの木を見たところ
ウ　じさまに勇気があると言われたところ

2指示　ア、イ、ウの中で賛成一つ、反対一つを選び記号を書きましょう。〈数指示〉

※列指名で一〇名ほどに、理由なしで発表させる。その後、討論。

子どもの活動&思考

賛成が多いのは、イとウになると思われます。反対意見は、アに集中されるでしょう。「じさまを助けるために、医者様へ行くことを考えていて、自分の勇気について考える余裕などないから」という理由が出ることでアはつぶれます。人間の感情と思考と行動の関わりを考える場となります。豆太とじさまの関係を考えると、じさまに「勇気がある」と言われた豆太が、自分も勇気があると思った可能性が高いです。私は、ウに賛成です。問題はイです。豆太は、「モチモチの木に灯がついている」と言っています。医者様には否定されてしまいます。が、豆太が、「灯がついた木を見た↓勇気のある子が見れる↓自分にも勇気がある」と、瞬時に思った可能性はあります。それに、翌日、再度、灯のついた木を見たことを言っています。「可能性はある」とはっきり伝えたいです。

「豆太の心が一番大きく変化したところ」を問いかけたことがある。医者様へ向かう豆太の心は、確かに大きく動いていて、結局、どれも、その可能性があるということで決着がつかなかった。今回の発問では、豆太の心情だけでなく、思考まで考えることになる。

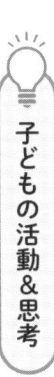

行動からやさしさの実態を考えさせる

A

じさまの人柄を考えさせたい

モチモチの木では、豆太の行動や心情が話題にされることが多いです。実は、この作品、じさまの言動が丁寧に描かれています。じさまの言動を検討することで、人柄が明らかになります。主題も浮上してきます。

B

じさまのやさしさが分かる「やらなきゃならねえ行動」を五つ見つけましょう

1説明　じさまは、「やさしささえあれば、やらなきゃならねえことは、きっとやるもんだ」と言っています。そう言っているじさまが、実は、とてもやさしい人です。、やらなきゃならねえことを、やっています。

2指示　この話の中で、じさまがしている「やらなきゃならねえこと」を探しましょう。五つ見つけましょう。

〔数指示〕

子どもの活動＆思考

まず出るのが、次の三点です。

「豆太のために、夜起きて、せっちんにつれていくこと」

「モチモチの木の実でだんごをつくること」

「山のくまの話をして、しょんべんをさせること」

この後、出てくるのが、

「はらが少しいてえだけと言うこと」豆太を心配させないやさしさです。

「青じしを追って岩から岩へとびうつること」じさまは、生活のための食糧をとっているのです。

ここは、一読しただけだと元気なじさま像しか浮かびません。

さて、あと一つ。決定的に大事で、やさしさがあふれている行動。

「お前はやさしさがあり、勇気があると豆太に話したこと」です。豆太にぜったいに伝えねばならない「やらなきゃならねえ」じさまの一言です。

やさしさが分かる行動を見つけることで、やさしさの実態が浮かぶ。じさまの人物像まで浮かぶ。「モノコトココロ変換」は、読者の読みを深める。読解の面白さが体験できる。

主題を選択させる

A **主題を考えさせたい**

モチモチの木は、三年生の子どもに、主題とは何かを考えさせる格好の作品です。教師が考えておいた主題を三点提示して、どれがよいか考えさせます。

B **この作品の主題を、次の三つから選びましょう**

1説明 作品の読者へのメッセージを主題と言います。

2発問 主題を三つ考えてみました。どれが主題でしょう。〔選択型発問〕

①人間勇気が大事である
②人間やさしさが大事である
③人間信頼が大事である

2指示 ①②③から一つ選び、ノートに番号を書きましょう。〔数指示〕

3指示 ○列の人、賛成の番号だけ言ってください。〔活動指示〕

（と言って列指名していく。賛成者が出るたびに、板書に○をつけていく）

4指示　列に関係なく自由に発表してください。理由も言ってください。〔活動指示〕

※理由つき発言がある度に、その番号に◎をつけていく。

子どもの活動＆思考

３指示のような、列指名をよくします。すばやく、どれに賛成かだけ言ってもらいます。板書の①②③に◯をつけていきます。子ども達は、その◯の状況をじっと見守ります。次は、自分たちの列が指名されるかもしれない。ほどよい緊張が生まれます。意見を言いたくなる子も出てきます。そこで、４指示、自由発言にします。

次のような意見が出ます。①に反対。勇気はやさしさから出るとじさまは言っている。③に反対。信頼という言葉は出てこない。②に賛成、じさまが、やさしささえあれば…と言っている。②に決定しそう。そこで、信頼とは、信じてたよることであると説明。「豆太は、じさまも医者さまも、すごく信頼していますよね。信頼しているじさまの言葉だから、自分はやさしさがあり勇気が出たと思ったのですね。」子ども達からは、③もいいという声が出てきます。

主題は、教師が複数考えて検討させる。主題の検討で、読解が深化する。物語には主題が存在するという意識を持たせることが何より大事である。

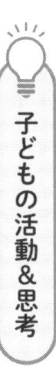

行動から心情を考えさせる

A 松井さんの思いを想像させたい

「白いぼうし」1の場面では、夏みかんというモノが大事な役目を果たしています。この夏みかんに対する松井さんの行動に着目させます。お母さんから送られてきた夏みかんの中で一番大きいのを車に持ってきます。なぜ、あえて一番大きいのを持ってきたのか。そこに着目させることで、松井さんの思いを想像させたいです。

B なぜ松井さんは運転席に一番大きな夏みかんを持ってきたのでしょう

1発問 松井さんは、車のどこに夏みかんをおいたのでしょう。〔選択型発問〕

ア　運転している松井さんの前方のガラスの近く
イ　一列目のシート
ウ　二列目のシート

2指示 一つ選びましょう。反対意見から言ってください。〔条件指示〕

※話し合い↓ア、ウならお客さんが気づく。後で運転席という表現が出てくる。イに特定。

3発問 不思議。一番大きいのは家に置いてくればいいのにね。〈不思議型発問〉

4指示 理由を二つ考えてください。ペアで相談してください。〈数＋活動指示〉

5指示 「…から」という言い方でまとめてください。〈条件指示〉

子どもの活動&思考

1発問〜2指示は、反対意見から出させます。次の場面に、「運転席から取り出した」という表現があるので、一列目と特定できます。

3発問〜4指示では、理由を二つペアで考えさせることで、松井さんの行動、心情を想像させます。まず、「お客さんににおいを届けたかった」これはすぐ出ます。次のような理由も出てくるでしょう。「おふくろさんのことを思っていたい」「おふくろさんと一緒にいたい」

これで、松井さんの人柄が浮上します。

夏みかんというモノに目を向ける。モノに対する人物の行動を考えることで心情が浮上する。まさに「モノコトココロ変換」である。他の物語でも活用したい読解の手法である。

ネーミングで人物理解を深めさせる

A **松井さんの人柄を考えさせたい**

この作品では、松井さんの人柄・人物像を考えさせたくなります。だからと言って、「松井さんは、どんな人柄でしょう」と問うわけにはいきません。「やさしい」「楽しい」「親切」などが出るでしょう。音読でイメージした程度の言葉しか出ません。新たな松井さん像は生まれないでしょう。そこで、心でなく、人をネーミングして考えさせます。

B **松井さんを○○運転手とネーミングしましょう**

1発問 松井さんは、一言でいうと、どんな運転手さんでしょう。〈確認型発問〉

2指示 「○○運転手」と、ネーミングしてください。〈条件指示〉

3指示 三つノートに書きましょう。〈数＋作業指示〉

※「○○運転手」と発表させる。板書する。その後、

4指示 この中で、あてはまらないものについて意見を出しましょう。〈条件指示〉

5発問 友達が考えた運転手の中で一番いいと思うものはどれですか。〈選択型発問〉

6指示　三つ選び、〇〇で〇〇で〇〇な運転手とノートに書きましょう。〔数指示〕

子どもの活動&思考

3指示で「〇〇運転手」と三つ書けたら、持ってこさせます。その中の一つを、その子に板書させます。たくさんの運転手が出てきます。以下はその例です。

①ゆかいな運転手　②やさしい運転手　③心がおだやかな運転手　④話しずきな運転手　⑤人とすぐなかよくなる運転手　⑥想像力のある運転手　⑦思いつきのよい運転手　⑧発想が早い運転手　⑨必要なことをやる運転手　⑩きちょう面な運転手　⑪責任をとる運転手　⑫あわてんぼう運転者

「あわてんぼう運転者」に反対意見が出るはずです。「あわてて ぼうしをふりまわした」のは、むしろ、責任感のあらわれですから。4指示、5発問による発表で、松井さんの人柄、人物像が浮上することになります。

6指示で、松井さん像を自分で特定します。「ゆかいで想像力があり必要なことをやる運転手」「やさしくて思いつきがあり必要なことをやる運転手」等々。

〇〇運転手と「ネーミング」すると、多様な〇〇が出される。同時に、その運転手の映像が浮かぶのが面白い。他の教材でも活用してみたい。

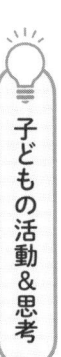

登場人物の不思議な言動に着目させる

A　ファンタジー作品の面白さを味わわせたい

ファンタジーの面白さを味わうことは、物語を読む楽しみの一つです。現実の中に、ファンタジー世界が入り込んでいるところを、考えさせる作業は、必ず面白い授業になります。ここでは、女の子の言動に注目させます。

B　女の子が、ちょうじゃないかというところを五つ探しましょう

1発問　不思議です。女の子が車に乗っています。〈不思議型発問〉

2指示　この女の子が、どうも「ちょう」ではないかという表現を五つ探しましょう。見つけたら、波線を引きましょう。〈数＋作業指示〉

3指示　3の場面だけで探してください。〈条件指示〉

※発表させる。板書する。

4発問　不思議です。松井さんは、エンジンをかけたあと、なぜ、すぐに、アクセルを踏まなかったのでしょう。〈不思議型発問〉

子どもの活動&思考

女の子が「ちょう」ではないかという表現として、出される表現。
①四角い建物ばかりだもん　②菜の花横町
③後ろから乗り出してせかせかと　④早く行ってちょうだい
⑤ちょこんとすわっています　⑥つかれたような声
四つまでは、比較的簡単に見つけることができます。「ちょこんとすわっています」は、確かに、ちょうのイメージがあります。女の子がちょうだということが、特定できます。
4発問では、「男の子の姿を見たり、聞いたりしていたから」「ぼうしをとった男の子の姿を見たかったから」が出るでしょう。松井さんの心情が浮上します。

ファンタジー作品では、現実とファンタジー世界の出入り口の特定と、両世界が入り交じって登場する不思議な場面の検討を行う。

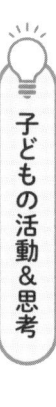

条件を限定して筆記させる

A **物語を創作させたい**

ファンタジーを創作する面白さを味わわせたいです。いきなり、創作するのは、むずかしいでしょう。場を限定することで急に書きやすくなります。

B **女の子のちょうは、松井さんに何を話すのでしょう**

1発問 ちょうは、仲間のところへ戻ることができました。このあと、ちょうの女の子がやって来るとしたら、松井さんに何を話すでしょう。松井さんは、どんな行動をし、何を話したのでしょう。

〔確認型発問〕

2指示 次のように、書いていきましょう。時間は一〇分です。〔条件＋時間指示〕

小さな小さな声でした。

←…ここを考えて書く

車の中には、まだかすかに夏みかんのにおいがのこっています。

子どもの活動&思考

物語の続きの筆記。書き出しを示すことで、さっと書き始めることができます。書き終わりを示すことで、時と、場所などの条件を示すことができます。子どもの創作の一例を示します。

それは、シャボン玉のはじけるような、小さな小さな声でした。まどを見ると、ちょうのむれから一ぴきのちょうが、まどにちかづいてきます。まどをあけると、

「おじちゃん、助けてくれて、本当にありがとう」

元気で大きな声で言いました。松井さんは、喜んで言いました。

「みんなに会えてよかったね。また、なかよくくらせるね。」

ちょうは、羽をばたつかせ、仲間の方へ飛んで行きました。そんなちょうを、松井さんはやさしい目で、見守りました。

「また会えるといいな。」

車の中には、まだ、かすかに夏みかんのにおいがのこっています。

物語の続きを書かせる場合は、時、場所、人物に加え、筆記量等、条件を提示することが大事だ。何も限定しないで書かせると、物語の世界から飛び出てしまうから要注意。

図式化で理解させる

A

戦争中のゆみ子とお母さんの姿を明らかにしたい

小さなゆみ子が、最初に覚えた言葉が「一つだけちょうだい」であるという、食べ物がなくなってしまった、戦争中の異常な状態を、明らかにしていきます。

B

ゆみ子とお母さんのやりとりを図にしましょう

1説明 1の場面のお母さんとゆみ子の関係を図にまとめます。図読法をします。

2指示 まず、図Aをノートに書きましょう。〔作業指示〕

3発問 ゆみ子は、いつもどんな状態だったのでしょう。〔以下確認型発問〕
↓おなかをすかしていた（図に記入）

4発問 ゆみ子は、何と言っていたのですか。↓もっともっと（図の①に記入）

5発問 お母さんが言った言葉はなんですか。↓一つだけよ（②に記入）

6発問 ③にはどんな言葉入れたらいいでしょう。↓一つだけちょうだい（図に記入）

7指示 先生が指さす箇所を音読しよう。ゆみ子→お母さん→①→②→③（活動指示）

8発問 この①→②→③を一日に何回ぐらい言っていたのでしょう。→何十回も

9発問 その結果、お母さんはどうなったのですか。ゆみこはどうなったのですか。

一つだけが口ぐせになった→初めて覚えた言葉になった（図に記入）

子どもの活動&思考

完成した図Bに対し、音読に合わせて、数名の子に指示棒で指さしをさせます。

図A

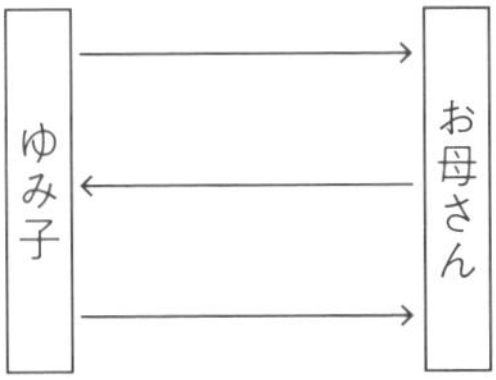

図B

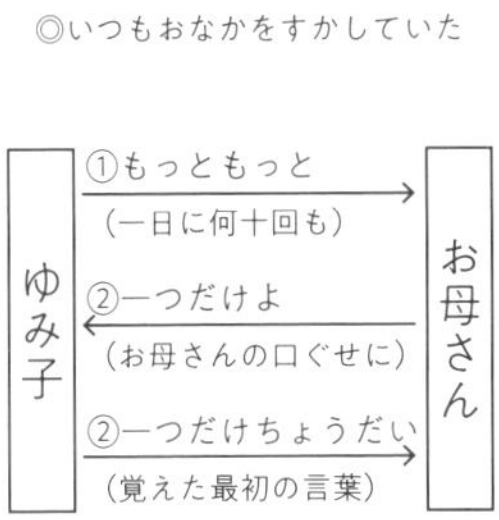

図式化と指導の展開は、椿原正和氏が考案された図読法をそのまま活用した。図式化し音読することで、お母さんとゆみ子の姿が浮上することになる。図読法が極めて効果を発揮する場面である。

※椿原正和『国語教科書の読解力は「図読法」でつける』（学芸みらい社、二〇二一年）

不思議な言動から心情を読解させる

A お父さんの心情を考えさせたい

プラットホームで汽車が入ってくるというとき、ゆみ子の「一つだけちょうだい」が始まります。もう、おにぎりはありません。ところが、お父さんは、言います。「みんなおやりを、母さん、おにぎりを――。」と。ずっと三人いっしょにいたのに、おにぎりがなくなったことをお父さんは知らないのです。ここに着目します。

B お父さんはなぜおにぎりがなくなったことに気づかないのでしょう

1発問 不思議です。ずっといっしょにいたはずのお父さんが、おにぎりがなくなったことを知らないことが。お父さんは、なぜおにぎりがなくなったことに気づかなかったのでしょう。〔不思議型発問〕

2説明 おとうさんは、きっと何かを考えていて、目の前で起きていたことに目が向かったんだと思います。心ここにあらずといった状態だったと思います。

3指示 お父さんが、ゆみ子達といるとき、考えていそうなことを、ペアで相談して、三つ考えてください。

〔活動＋数指示〕

子どもの活動＆思考

子どもからは、次のような考えが出てきます。

「ゆみ子が心配だなあ」

「お母さん、ゆみ子をたのみます」

「戦争に行きたくないな」

「戦争はいつまで続くのだろうか」

「ゆみ子たちのために、何とか生きて帰ってきたい」

お父さんのゆみ子への思い、お母さんのこと、そして自分自身のことなど、多様に出てきます。

子ども達に授業すると、1発問だけで、「心ここにあらず」というお父さんの状況、心情を語り始める。先生方への模擬授業では1発問への反応が悪い。「おにぎりがあると思っていた」「知っていてわざと言った」等が出る。1発問で反応が悪いときは、2説明を入れるとよい。

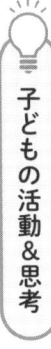

語り手の視点を考えさせる

A　一つの花を見つめているお父さんの心情を考えさせたい

「一つの花を見つめながら――。」この作品全体のキーセンテンスと言ってもいい一文です。このときの、お父さんの心情こそ、最も読み取りたいことです。「このときのお父さんの気持ちは」と問いたくなりますが、ここは、お父さんが花を見ている状況を考えることで、心情に迫ります。

B　**お父さんは、いつどこで一つの花を見ていたのでしょう**

1指示　「一つの花を見つめながら――。」を○でかこんでください。〈作業指示〉

2発問　お父さんは、この一つの花をいつ、どこから見つめたのでしょう。

次のア、イ、ウの中のどれでしょう。〈選択型発問〉

ア　汽車に乗り込むとき、汽車の乗り降りする入り口から

イ　汽車が動き出したとき、汽車の窓から

ウ　汽車が駅からかなり離れたとき、汽車の窓から

子どもの活動&思考

子どもからは、次のような考えが出てきます。

ア に◯。一つの花を見つめながら、汽車に乗ってとつながるから。

イに◯。汽車に乗ったあと、ぜったい窓から見ると思う。そのとき、花を見つめた。

ウに◯。お父さんは、最後までゆみ子たちを見ていた。ゆみ子たちの目が見えなくなった。花だけが見えているので、見つめていた。

イに△。ホームにいる語り手から、お父さんが花を見つめていることは分からない。

ウに△。最後に、お父さんからゆみ子達を見ているとは書いてない。

ウに◯。見つめていたということは、語り手がお父さんの心を知っているということ。

先生方への模擬授業では、不思議にアが多く、子どもへの授業ではウが多くなる。

語り手の視点を考えることにより、人物の知覚したものが検討され、人物の心情が浮上する。「一つの花」は、客観視点で書かれていると言われているが、「一つの花を見つめながら――。」は、語り手の視点は、お父さんの目に重なっていると考える。

観点を決めた対比で読解を深化させる

A 戦争中と戦争後の状況の違いを考えさせたい

この物語の最後に、戦争から一〇年たったある日のひとこまが書かれています。そんなに情報量はないように思えます。とにかく、観点を決めて、対比させてみる。すると、意外な対比が登場してきます。音読では生まれない映像が生まれます。

B 戦争中と戦争後の違いをできるだけたくさん探しましょう

1発問 戦争中と戦争から一〇年後の違いを探しましょう。〔対比型発問〕

2指示 戦争中と一〇年後の違いを、次のようにまとめましょう。〔条件指示〕

（食べ物）さつまいも↔米、お肉

※発表

3指示 これらの対比の中で、もっとも心に残ったのは、どれでしょう。選んだ理由を発表しましょう。〔活動指示〕

子どもの活動&思考

音読では気づかなかった対比が続々と出てきます。それを板書していきます。

	戦争中	対比	戦争後
1	家・駅	↔ 場所	とんとんぶきの家
2	おいも	↔ 食べ物	お肉・お魚
3	かばん	↔ 入れ物	買い物かご
4	飛行機	↔ 機械	ミシン

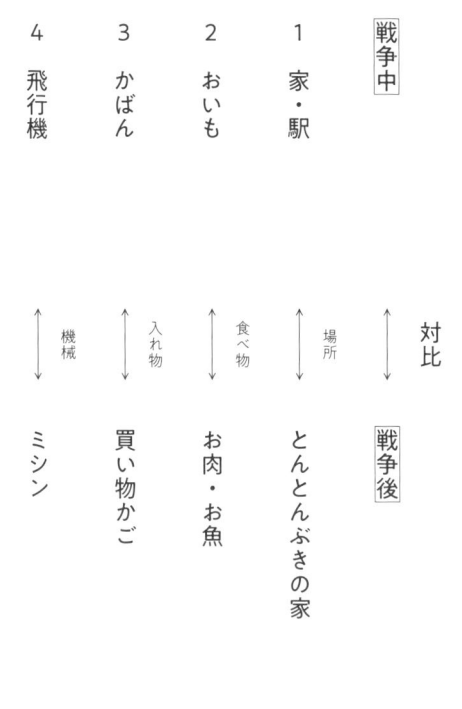

5　ばくだん・汽車　↕（音）　ミシンの音

6　一輪　↕（コスモス）　いっぱい（美しく元気に）

7　ホームのはし　↕（コスモス）　とんとんぶきの家のまわり

8　一、二才　↕（ゆみ子）　十一、二さい

9　小さな子　↕（ゆみ子）　小さなお母さん

10　あまりしゃべれない　↕（ゆみ子）　たくさん話せる

11　戦争に行く（いる）　↕（お父さん）　帰らない（いない）

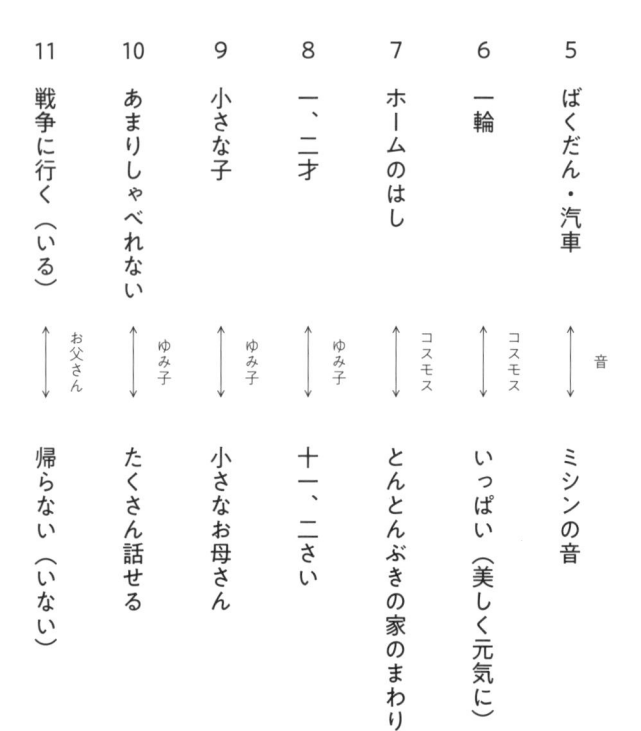

12　かなわない ←お父さんの願い→ かなった

13　登場 ←お母さん→ 声だけ登場

14　無事戦争からもどって ←お母さんがお父さんに言いたい→ ゆみ子は成長しています

場所、物、音、コスモス、ゆみ子、父、母という順番に、観点を明示し、発表させてくのがポイントです。「お父さんの願い」「おかあさんがお父さんに言いたいこと」で、文章には直接書かれていない心情が浮上してきます。対比で、深い読解が成立します。

対比することで、思わぬものが見えてくる。時に、教師が観点を提示し、考えさせる。対比で思考活動が活性化する。映像が浮上する。ここでは、お父さんとお母さんの心情が見事に浮上する。

詩の創作で作品を深く味わわせる

A 「一つの花」では何を伝えたいか考えよう

物語の授業の最後に、詩を書かせることをよくします。タイトルや、人名をおり込み、折り句を書かせます。私は、「ことばかくしの詩」と読んでいます。物語を振り返りながら、主題に迫るような詩ができあがります。

B 「一つの花」の詩を書くことで、ストーリーを振り返りましょう

1説明 一つの花を詩にしてみましょう。

2指示 「ひとつのはな」「ゆみこ」「おかあさん」「おとうさん」「ひとつだけ」など、この話で出てくる言葉をもとに、つくりましょう。次のように。〈条件指示〉

例 ゆみこはおにぎりを
みんなたべてしまった
これをしらなかったとうさん
おにぎりのかわりに

とってきた一輪のコスモス
うれしそうに喜ぶゆみ子
さあ、じゃ行くよ
ぜったい帰ってきてとおかあさん

子どもの活動&思考

不思議です。作中の言葉を挿入し、物語の世界を表現するという条件があることで、再読が始まり、意外な物語の詩ができます。読解が深化します。子どもがつくった詩の例です。

ひとつだけと言い出したゆみ子／お父さんから花をもらい喜んだゆみ子／つらい家族との別れ／のって行った汽車から見えた一輪のコスモス／はなにつつまれた十年後の小さな家／なくなって帰ってこないお父さん

ゆみ子の形象、お父さんの心情、一〇年後の家の様子など、この物語の世界を見事に表現しています。つくった詩は、黒板に書き、発表してもらいます。気にいった作品はノートに筆記します。

物語の授業の最後のまとめとして、物語に出てきた言葉を使い、折り句の手法で詩をつくらせる。いつも、独創的な詩が生まれる。作品の世界を表現するのがポイント。

「一つの花」と「すずかけ通り三丁目」と

「一つの花」のあと、「すずかけ通り三丁目」を紹介したい。これは、あまんきみこさんの「車の色は空のいろ」シリーズの中の一作だ。この物語を、次を予想させながら、1ページずつ読み聞かせしていった。

乗車した若い女の人に言われて松井さんが行った先、すずかけ通り三丁目は、今はない町。それは、何と、昭和二〇年の空襲前の町だった。女の人は、下車して、一軒の家に入っていく。家の中から、子どもの声が聞こえてくる。帰ってきた女の人から、空襲のことを聞く。空襲のとき、その女の人は、子どもを連れて逃げるが、子どもは死んでしまう。その日だけは、女の人は、すずかけ通りの家に戻ることができるという話だ。ちょうど、今日が、その日だという。話を聞いた松井さんの眼前にも、空襲の映像が広がる。

ふと気がつくと、女の人は、白髪のおばあさんになっている。タクシーを降り、駅へ向かうおばあさんを松井さんは見送る。

「ちいちゃんのかげおくり」（光村図書三年）とは違い、読者は、ファンタジーの世界で、戦争に出会う形をとっている。この作品は、一九六八年に書かれている。戦後、二三年たったときの作だ。

次の指示で意見文を書いてもらうことにした。

指示　「一つの花」と「すずかけ通り三丁目」とでは「どちらがすばらしい」と考えるか。意見文を書いてもらいます。「確かに…もよい。…しかし、私は、…の方がよりよいと考える。なぜなら…」という形でまとめなさい。

子ども達の筆記した意見文から、Hさんと、Tさんの文を紹介する。

題からすばらしい「一つの花」　　Hさん

「一つの花」の学習のあと、「すずかけ通り三丁目」を読んだ。どちらの話にも戦争が出てくる。どちらがすばらしいか考える。

確かに、「すずかけ通り三丁目」もすばらしい。この作品は、戦争がテーマのファンタジーで、現実におこったつらい戦争と楽しくどきどきするファンタジーが一つの作品として書かれている。悲しい場面もドキドキする場面もあり、おもしろい。

しかし、私は、「一つの花」の方がすばらしいと考える。なぜなら、町はやかれて灰になっても、家族はつながっているということが伝わるからだ。また、私は、「一つの花」という題名が好きだ。花というのは、お父さんから見ての「世界にたった一人のゆみ子」を表している。すごく深い意味があり、話ともつながっている。

このように考えた結果、題名もすばらしく家族の大切さを教えてくれる「一つの花」がすばらしいと考える。

「一つの花」が伝えたいこと　　Tさん

「一つの花」の学習の後、「すずかけ通り三丁目」を読んだ。この話にも戦争が出てくる。どちらがすばらしいか考える。

たしかに、あまんきみこさんの「すずかけ通り三丁目」もすばらしい。この話は、戦争で苦しんでいるところは、細かく書かれてはいない。松井さんを乗せた女の人が、息子を思うときだけもとの若さにもどるところがおもしろい。その女の人は、死んだ子どもに会えたのだ。

しかし、ぼくは、「一つの花」の方がすばらしいと考える。なぜなら、読んでいるだけで、親の愛や、戦争の苦しさが伝わってくるからだ。戦争中の食べ物が手に入らないときでも、ゆみ子が、「一つだけちょうだい」と言うと、必ず、お母さんが自分の分をくれる。それに、お父さんがゆみ子にめちゃくちゃにやる「高い、高い」は、ゆみ子を喜ばせようとする、お父さんの愛がこもっている。

このように考えた結果、平和をこわす戦争のこわさと、どんな時もわが子をゆうせんする親の姿が書かれている「一つの花」がすばらしいと考える。

一つの花について、Hさんは、「町はやかれて灰になっても、家族はつながっている」と述べる。Tさんは、「親の愛や、戦争の苦しさが伝わってくる」と述べる。ともに、「すずかけ通り三丁目」と対比する中で、生まれた思考であり、表現である。他の作品と比較させることをおすすめしたい。なお、※「たしかに…。しかし…なぜなら…」の型は、樋口裕一氏の小論文筆記法を参考にしている。

ごんが知覚したものの順序を確認させる

A ごんの行動と心情を形象化させたい

1の場面では、ごんの行動と、知覚したものが、くわしく書かれています。ここでは、ごんの知覚物をカード化し、並び替えをすることで、ごんの行動と心情を明らかにしていきます。

B ごんが見たものを順序よく並び替えましょう

1発問 ほらあなを出たごんは行動します。ごんは何を見たでしょう。〔確認型発問〕

2説明 この日、ごんが見たものをカードに書いてみました。

※黒板に貼り付ける。(タブレットの場合は、画面に提示)

○太いうなぎ ○兵十 ○はぎの葉 ○空 ○ひがん花 ○お城

○くり ○すすきやはぎのかぶ ○はりきりあみ ○もず

○びく ○びくの中の魚 ○ほくろ ○小川のつつみ ○菜種がら

3指示 ごんが見ていないものを言ってください。〔条件指示〕

↓ひがん花、お城、くり、もず、ほくろ、菜種から

4 指示

（見ていないカードをはずし）ごんが見た順に並び替えてください。　〔作業指示〕

※希望者に黒板で並び替えの作業をさせる。

※それぞれのものがどうなっていたかを教師が聞き、出された言葉を板書していく。

子どもの活動&思考

完成した板書例です。

○空　はれている　もずの声がキンキンひびく

○小川のつつみ　雨で水がます　すすきやはぎのかぶ　もまれている

○兵十　ぼろぼろの着物　水にひたる

○はぎの葉　顔の横にへばりつく　♡いっしょうけんめいさ

○はりきりあみ　ゆすぶる　持ち上げる　ごみと魚が入っている

○びく　魚を入れる

○びくの中の魚　ごんが川の下手になげこむ　♡いたずら心　♡魚を助けたい

○兵十　もどる　ぬすとぎつね　追っかけてこない　♡ほっとする

○太いうなぎ　まきつく　とれない　はずす　草の葉の上におく

子どもに前に出てきてもらい、板書を指示棒で指しながら、1の場面を説明していってもらいます（希望者二、三名ぐらい）。

人物が知覚したものの検討で人物の行動、心情が浮上する。知覚したものを順番に並べた知覚図を指示棒を使いながら、1の場面を説明する活動に子ども達は意欲を燃やす。

ごんの行動と知覚物を図で確認させる

A ごんの心情を明らかにしたい

2の場面は、ごんの知覚の仕方、言動から、ごんが単なるいたずらぎつねではないことが明らかになります。ここでは、ごんの心情を明らかにしたいです。

B ごんが見たもの・聞いたものを確認しましょう

1指示 「うちのうら」を○でかこみましょう。〈作業指示〉

2発問 弥助と新兵衛の「うちのうら」を通ったのはなぜですか。〈確認型発問〉

↓見つからないように　↓つかまえられる

3指示 「うちの前」を○でかこみましょう。〈作業指示〉

4発問 不思議です。ごんは、弥助と新兵衛のうちは、うらを通ったのに、なぜ、兵十のうちは、うちの前へ来たのでしょうか。〈不思議型発問〉

↓考えていたから　↓兵十のことが気になるから

5発問 何を考えていたのでしょう。〈確認型発問〉

↓村に何かあるんだな↓秋祭りかな

6発問　ごんがそうしきだと気がついたのは、何を見たときでしょう。〔確認型発問〕

↓表のかまどで火をたいていた　※この地方の風習

7説明　六地蔵のかげからごんが見聞きしたことを図にかきます。

8発問　最初に見たものは何でしょう。↓お城の屋根がわら　〔確認型発問〕

※この後も、一問一答で見聞きしたものを確認し、図式化していく。

子どもの活動&思考

図の一例。二～三名に、音読に対応した箇所を指示棒で示すよう指示します。

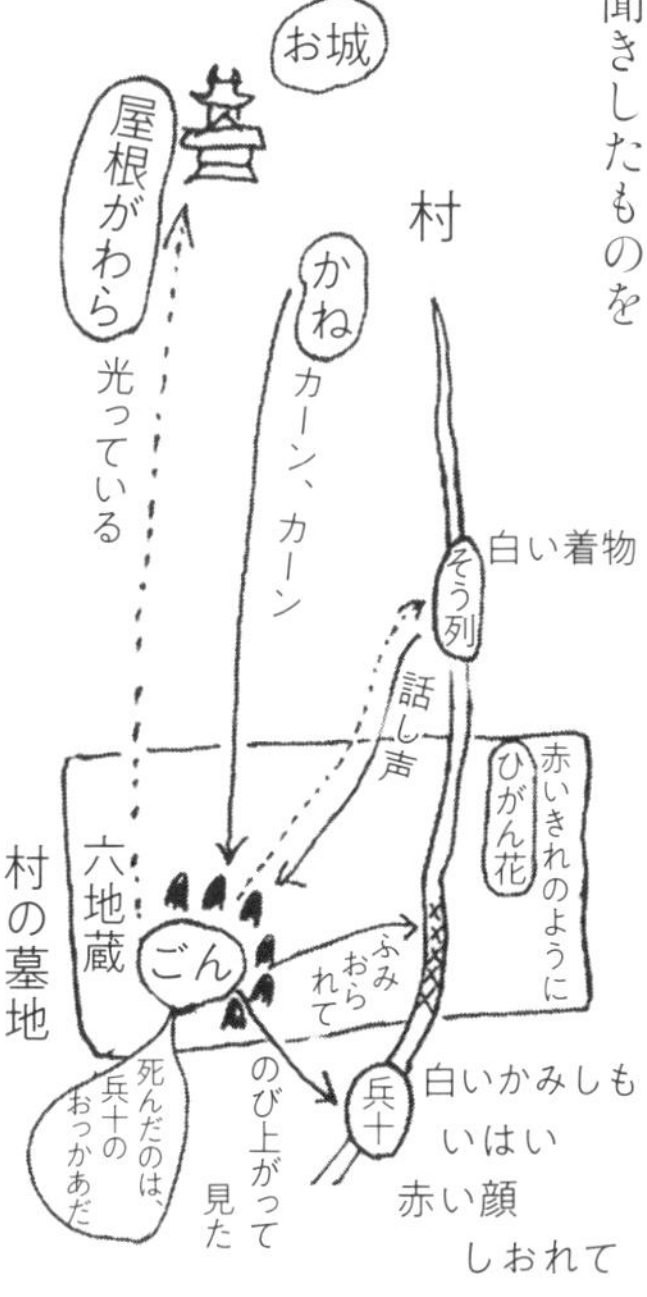

人物の知覚物、行動を丁寧に確認していくことにより、人物の心情が浮上する。時に、箇条書き、時に、図式化する。

ネーミングでごんの人物像を考えさせる

A ごんの人物像を明らかにしたい

2の場面は、ごんの知覚の仕方、言動から、ごんの人柄、人物像が見事に浮上します。「ごんはどんな人物でしょう」という問いでは、出てくる言葉が限られてしまいます。

B ごんはどんなきつねか「○○きつね」とネーミングしましょう

1説明 この2の場面を読むと、ごんがどんなきつねかよく分かりますね。

2指示 ごんが、どんなきつねか、「○○きつね」とか「○○のきつね」と名前をつけましょう。〔条件指示〕

3指示 昼間のごんと、ほらあなにもどってからの夜のごんとに分けて、それぞれ、二つネーミングしてみましょう。〔条件指示〕

4指示 ノートに二つずつ書いたら持ってきてください。〔数＋作業指示〕

※持ってきたノートに筆記されたものから、ごんの人物像に関わる面白いネーミングを板書させる。

5指示 友達が考えた、昼のきつねと夜のきつねの中で、一番よいと思うものを一つずつ選び、理由を発表してください。〔活動指示〕

子どもの活動&思考

次のようなきつねが登場することになるでしょう。

昼のごんぎつね

①物知りぎつね
②村のこと知ってるきつね
③知りたがりぎつね
④好奇心ぎつね
⑤興味しんしんぎつね
⑥観察力のあるきつね
⑦人間好きぎつね

夜のごんぎつね

①反省ぎつね
②後悔ぎつね
③想像ぎつね
④考えすぎぎつね
⑤悲しみぎつね
⑥やさしいきつね
⑦人間おもいのきつね

人柄を直接聞くと、人間みたいに考えるとか、反省するとかというレベルのまとめとなる。ネーミングすると、多様な名称が生まれる。映像化も進む。他の物語でも活用できる。

図にすることでごんの言動を確認させる

A ごんの言動を形象化させたい

3の場面の前半（一日目）。さっそくごんは、兵十の家へ行きます。いわし屋と出会い、いわしを取り、兵十の家へ投げ込みます。その過程が鮮やかに描写されています。

B ごんの行動を図に書いていきましょう

1説明 3の場面の一日目のごんの行動を、図に書きます。

2指示 次のものをノートに書きましょう。〈作業指示〉

・兵十のうち、赤い井戸、物置

3発問 兵十はどこにいたのですか。↓赤い井戸のところ〈確認型発問〉

4発問 ごんは、どこから見ていたのですか。↓物置〈確認型発問〉

5発問 ごんは、何を思いましたか。↓おれと同じ…兵十か〈確認型発問〉

※このように、ごんの知覚したものと、行動を矢印を使いながら記入していく。会話やつぶやきは、吹き出しを使い記入する。

子どもの活動&思考

完成した図の例。

子どもに前に出てきてもらい、音読に合わせ、ごんの言動を指示棒で示してもらいます。

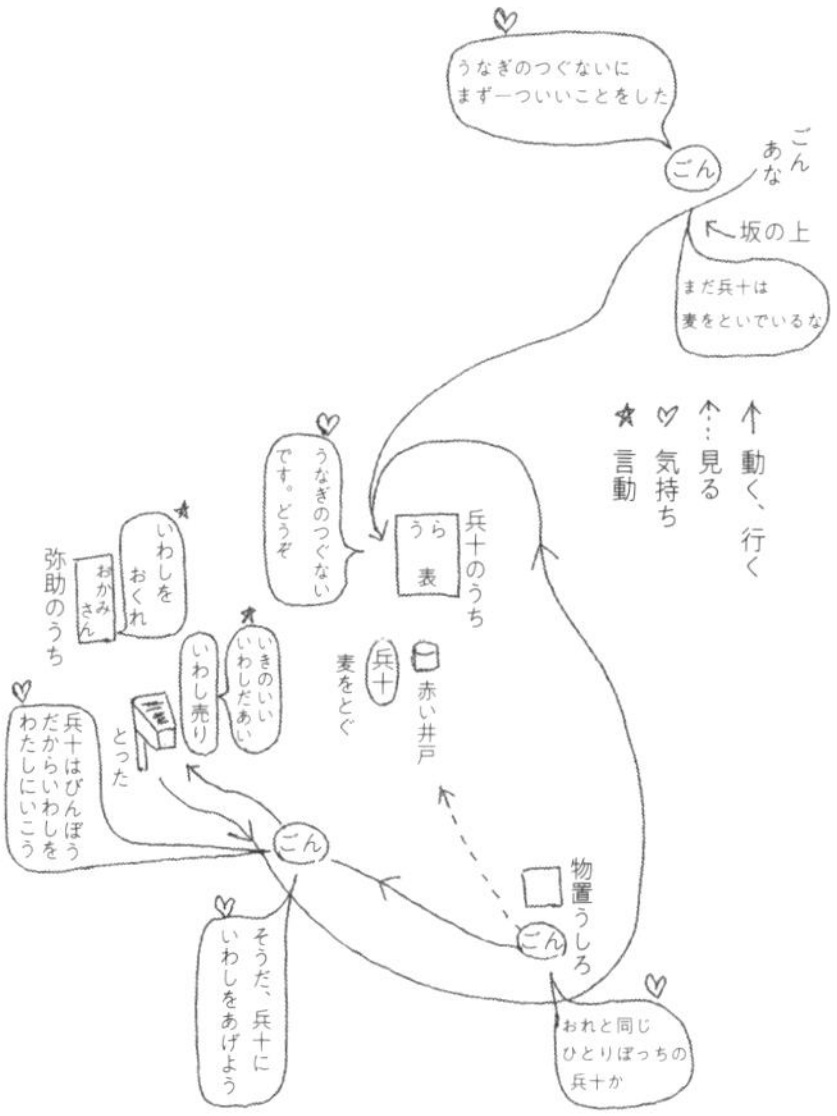

ある場面を図にし、音読に合わせて人物の言動を指示棒を使い、説明していく。これだけで、面白い授業になる。音読者、棒指し者は、交替し、できるだけ多くの子にさせたい。

語り手の視点の違いから考えさせる

A ごんと兵十の心情を理解させたい

最後の場面。視点が兵十側に移ります。ごんを撃った後、かけよってくる兵十。兵十とごんの感情、心情を考えさせます。

B かけよる兵十とうなずいたごんの思いを選択しましょう

1発問 6の場面は、5までの場面とまるで違うことがあります。〔対比型発問〕

2指示 二つ、見つけましょう。〔数指示〕

↓兵十の側から見ている↓語り手が、兵十の側にある

↓兵十の心が分かる↓ごんが撃たれる

3指示 「かけよってきました」を○でかこみましょう。〔作業指示〕

4発問 なぜ、○でかこんでもらったと思いますか。〔確認型発問〕

↓ここは、語り手が、ごんの側にある

↓かけよってくる兵十を、ごんが見ている

5発問 兵十は、何をしにかけよってきたのですか。〈確認型発問〉

6発問 うなずいたごんは何を思ったか。次の中のどれでしょう。〈選択型発問〉

ア　気づいてくれてうれしい

イ　撃たれて悲しい

ウ　わりにあわない

7発問 銃を取り落とした兵十にはどんな感情が生まれていますか。〈確認型発問〉

→びっくりした、しまった、とんでもないことをした、悪いことをした

子どもの活動&思考

1発問で、最後の場面だけが、兵十の側から見て書かれていることは、すぐに分かります。話者の視点が兵十にあるということです。兵十の目から見た状況が描かれていると説明してもいいでしょう。その上で、「かけよってきました」を話題にしつつ、ごんから見た兵十の姿を描いています。だから、家の中を見る兵十の姿をごんが見ていることになります。

5発問では、まず、「ごんがどうなったか見にきた」と出るでしょう。一方で、「家の中を見ると」とあるので、「ごんが何をしたのか見にきた」という意見が出るでしょう。常識から考えると

前者、言葉を根拠にすると、後者となります。両者とも可能性ありで終了です。

6発問は、意見が分かれるでしょう。「わりにあわない」は、前の場面の最後に、ごんが語った言葉。撃たれてしまったことは、大変わりにあわないことです。うれしい思いより、悲しい思いが生まれた可能性があります。

最後の場面は、語り手の位置（話者の視点）が変わっていることを確認した上で、一か所だけ、ごんから見ている箇所を話題にする。そこにごんの心情が少し流れる。兵十の心情は、驚愕から後悔までが、複合的に出るだろう。

Column

二つのごんぎつねについて

1　南吉作「ごんぎつね」の存在

「ごんぎつね」は、一九五六年に教科書掲載されて以来、延べ六〇〇〇万人以上の人が読んだことになるという。私も、十数回授業をした。授業するたびに、気になる箇所があった。1の場面で、魚をにがしたところを兵十に見つかり、ごんはにげる。

次の表現がある。「ごんはほっとして、うなぎの頭をかみくだき、やっと外して、あなの外の草の上にのせておきました。」（各社教科書所収。雑誌『赤い鳥』に掲載されたものがベースである。以下赤い鳥版と明記）「ほっと」できる状況で、「かみくだ」くのであるから、残忍さを感じる。それなら、なぜ「草の葉の上にのせてお」くのか。「かみくだ」く行為は、他の場でのごんの行動とも不整合である。授業では、「かみくだき」は、あまり触れずにいた。『新編新美南吉代表作集』（半田市教育委員会平成六年刊）に、南吉自筆の「権狐」が掲載。「ノートに書いた草稿」「鈴木三重吉が添削したものと考えられる」という解説も入っていた。

2　原作の整合性

南吉作の「かみくだき」の部分を読んでみた。次のように書かれていた。

権狐は、ほっとして、鰻を首から離して、洞の入口の、いささぎの葉の上において洞の中にはいりました。鰻のはらは、秋のぬくたい日光にさらされて、白く光っていました。

南吉作では、「かみくだ」いていない。いささぎの葉（ひさかきの葉。さかきの代わりに神仏用に使う地域がある）の上に置かれた鰻のはらは、「秋のぬくたい日光にさらされて、白く光っていました」とある。ごんの心情を反映した情景が描写されていたのである。２の場面の最後、兵十のおっ母のことを考えたあと、「こおろぎが、ころろ、ころろと、洞穴の入り口でときどき鳴きました」という描写も見つけた。

南吉作を全部読んでみた。多くの相違点を見つけた。

①方言がすべて修正

「ぬくたい」「いわしのだらやす」等、南吉作にある尾張知多地方の方言はすべて訂正されていた。

②南吉作には「つぐない」はない

３の場面の中で、赤い鳥版は、「ごんは、うなぎのつぐないに、まず一つ、いいことをしたと思いました。」とある。この箇所、南吉作は、「何か好い事をした様に思えました。」とある。赤い鳥版では、「つぐない」という言葉によって、物を届けるごんの行動が、すべて「つぐない」のように思える。赤い鳥版５の場面で、「神様にお礼を言うんじゃあ、おれは引き合わないなあ。」となる。「つぐない」が報われないという損得感情が浮上しているように見える。南吉作は、「神様がなくなりゃいいのに」「神様がうらめしくなりました。」とある。兵十への謝罪の心、同情心は、求愛の心に変化している。

③南吉作はごんはいたずらをしなくなったとある

３の場面の最後に、南吉作には、重大な一文がある。「そして権狐は、もういたずらをしなくなりました。」である。３の場面で、主人公「ごん」の心が劇的に変化しているのである。赤い鳥版では、この大事な一文が削除されているのである。次の４の場面で、加助と兵十の後をおいかけるごんの足どりの軽さは、「いたずらをしなくなったごん」と整合的である。

④南吉作では「うちの中を見て」いない

最後の場面、「兵十はかけよってきました。」の一文は、授業でよく話題にされた。「かけよってきた兵十は何を見ましたか」という発問は定番になっていた。子どもの多くは、「ごんがどうなったか見に来た」と答える。それに対し、「うちの中を見ると」という言葉を根拠に、「どんないたずらをされたか見に来た」という解釈が生まれる。読解が深化するという訳である。ところが、南吉作。

兵十はかけよって来ました。所が兵十は背戸口に、栗の実が、いつもの様に、かためておいてあるのに眼をとめました。

ごんを撃ったあと、かけよってきた兵十は、かためておいてある栗の実に、「眼をとめた」のである。南吉作の方が、自然であり、整合的である。「うちの中を見る」は、赤い鳥版による添加である。

そのために、不整合が生じる。その箇所をついて、授業をしていたのである。私もそうであった。

⑤南吉作は、「おや」のあと、七行のダッシュがある

「眼をとめた」あとの、南吉作。

「おや――――。」兵十は権狐に眼を落としました。

「権、お前だったのか……。いつも栗をくれたのは――。」権狐は、ぐったりなったまま、うれしくなりました。

ダッシュは、何と七字分ある。驚き、発見、後悔等、複合した兵十の精神状態を南吉はこの七字のダッシュで表現したのである（このダッシュを南吉全集は取り上げていない）。お前だったのかの後の九点リーダーも、そのまま味わいたい。

⑥南吉作は「うれしくなりました」とごんの心情が書かれている

赤い鳥版。「ごんは、ぐったりと目をつぶったまま、うなずきました。」南吉作は、「ごんは、ぐったりなったまま、うれしくなりました。」とごんの心情が書いてある。自分の行為を兵十に分かってもらえた。撃たれてしまい、大変に「わりにあわない」状態である。赤い鳥版の「ごん」には不整合となる。だから、「うれしくなりました」を削除したのだろう。しかし、撃たれてもなお「うれしくなりました」と思った「ごん」の心情こそ、この作品で南吉が描きたかったことなのではないか。

⑦南吉作と赤い鳥版では主題が違う

これは、重大。「悲哀から愛が生まれる」と、一六歳のときに、南吉が述べた言葉を、この南吉作の「権狐」で見事に具現化している。うなぎを死なせた悲しみ、兵十のおっ母を死なせた悲しみ、一人ぼっちになってしまった上、いわし屋にぶんなぐれられた兵十への悲しみ。そんな悲哀を味わったごんには、兵十への愛が生まれる。いたずらをしなくなるのである。赤い鳥版では、うなぎをかみくだく。ごんの行動はうなぎの償いである、神様のおかげと言われ、「わりにあわない」と思う。最後まで、いたずらぎつねの償い話となる。「死をもってしか償いはでない」「異界にすむものは結局は分かり合えない」等という主題を言う人もいる。

3　今こそ子どもと共に読みたい南吉作品

もし、宮沢賢治の自筆原稿の童話があとから見つかったら、どう扱われるのだろう。方言はもちろん、一言一句修正せずに公にされるのではないだろうか。

南吉の評価が高まり、一六歳に書いた作品までが、著作集に収められている。一八歳の南吉の「権狐」の自筆原稿が存在するのだ。南吉自身の思考、思想が整合的に盛り込まれている作品である。南吉がこの作品を『赤い鳥』に投稿したのが一〇月。鈴木三重吉が大幅な添削をし、翌年の一月号の『赤い鳥』に掲載。実際には、一一月三一日に刊行。この添削されたものを「赤い鳥版」または、「鈴木三重吉版」として扱いたい。多くの研究者が、南吉自筆について触れてはいる。概して評価は低い。赤い鳥版を「南吉の習作に職業作家鈴木三重吉が磨きをかけた作品」と評価された方もある。

私は、南吉の原作を知り、子どもたちにさっそく伝えたいと思った。二〇〇八、二〇〇九年度の立命館小学校四年生に対して、赤い鳥版と南吉作を対比的に取り上げ授業した。公開研究会で見ていただいた。その授業については、『国語科「言語活動の充実」事例』(明治図書、二〇一〇年)に所収。

南吉生誕一〇〇年の二〇一三年には、南吉原作を現代仮名遣いにした本を制作した。『南吉オリジナルごんぎつね』である。室田由里氏にお願いし、すばらしい挿絵を描いていただいた。この本のことが、朝日新聞全国版でも紹介され、用意した一〇〇〇部はあっという間になくなった。

南吉原作本の復刊の声も多い。岩下のX(旧Twitter)で、全文見ることができるようにした。機会があれば、ぜひ、子ども達に、原作を読んであげてほしい。ごんぎつねに託した南吉の思いを、共に味わってほしい。

二つの作戦を多様な観点で対比させる

A 残雪の行動の仕方とじいさんの心情を明らかにしたい

ガンをとるためのじいさんの作戦の準備と結果を明らかにすることで、残雪の行動とじいさんの心情を読み取ります。

B ウナギつりばり作戦とタニシばらまき作戦を比べてみましょう

1発問 ウナギつりばり作戦とタニシばらまき作戦を対比してみましょう。〔対比型発問〕

2指示 対比する観点を自分で決めてノートにまとめていきましょう。5分間です。〔作業＋時間指示〕

子どもの活動＆思考

発表を元に、次のように板書していく。

	観点	
①ウナギつりばり作戦	作戦名 ↕	タニシばらまき作戦
②一年目	時 ↕	2の場面
③ぬま地	場所 ↕	見通しのきく所
④くい、たにし、ウナギつり針、たたみ糸	道具・しかけ ↕	タニシ五俵、小屋、りょうじゅう
⑤ガン一羽（一日目）	成果 ↕	なし
⑥仲間を指導	残雪の行動 ↕	方向を変え
⑦？（糸をひっぱろう）	残雪の心情 ↕	近づかない方がいい…残雪に視点
⑧ちえがあると感嘆の声	じいさんの心情 ↕	残雪にやられた

　発表の際、観点を「モノ」→「コト」→「ココロ」で示していくことにより、読解が深化していきます。

二つの作戦を多様な観点で対比することで、場面の形象化から、残雪の行動、じいさんの心情まで、一気に浮上する。

残雪に対する考え方を段落単位で検討させる

A 残雪に対する大造じいさんの考え方はどう変わったのか知りたい

残雪の行動を見て、じいさんの心情は、徐々に変化していきます。その微妙な変化を理解させていきます。

B 残雪に対するじいさんの考え方が一番変化したのは、どこでしょう

1発問 おとり作戦は、今までの作戦とどこが違いますか。〔対比型発問〕

2指示 「おとり作戦だけは…」という言い方で、三点以上見つけて、ノートに書いてください。〔条件+数指示〕

※発表の例

↓おとり作戦だけは、おとりを使った
↓おとり作戦だけは、ハヤブサがおそってきた
↓おとり作戦だけは、残雪がおとりを助けようとした
↓おとり作戦だけは、残雪が傷ついて、じいさんの前にいる

3 発問

残雪に対する考えが一番大きく変化したのはどの段落でしょう。〔選択型発問〕

①大造じいさんは、…じゅうを下ろしてしまいました。
②残雪の目には…。
③いきなり、敵にぶつかっていきました。…。
④不意を打たれて、…飛び散りました。
⑤そのまま、ハヤブサと残雪は…。
⑥大造じいさんはかけつけました。
⑦二羽の鳥は…。
⑧残雪は、…にらみつけました。
⑨それは、鳥とはいえ、いかにも頭領らしい…。
⑩大造じいさんが手をのばしても、…頭領としてのいげんを…。
⑪大造じいさんは、強く心を打たれて、ただの鳥に…。

4 指示

反対意見から言ってください。〔条件指示〕

子どもの活動&思考

△反対が出る　↓②⑧…残雪に視点　↓④⑦…ハヤブサの様子　↓③…残雪の行動
○じいさんの心情描写　↓①⑥⑨⑩⑪
◎考えの変化　↓⑩⑪…鳥の頭領として
◎一番の変化　↓⑪…鳥に対しているような気がしない
⑪で決着がつくことになります。

段落を単位として検討する。反対意見から出させるのがポイント。

語り手の視点の違いを考える

A 語り手を意識して読ませたい

この物語は、ほとんど、大造じいさんの側に、語り手（話者）がいて、物語を語っていきます。ところが、その中に、例外があります。語り手（話者）の視点を考えさせる格好の物語と言えます。

B 語り手が残雪の側にある文を見つけましょう

1説明 この物語は、語り手（話者とも言います）は、大造じいさんの側にいて、大造じいさんの行動を描いています。時に、じいさん自身の目になり、じいさんの見ているものを語っていきます。時に、じいさんの心を語ります。視点人物は、大造じいさんであると言えます。〈例〉大造じいさんは、強く心を打たれて、ただの鳥に対しているような気がしませんでした。

2説明 ところが、この物語には、残雪の側に、語り手（話者）がいる文があります。そこだけ、視点人物が残雪のように見える文です。

3指示 そのような文を三つ見つけましょう。〔数指示〕

子どもの活動&思考

子ども達が見つけ出す文。

①そして、ふと、いつものえさ場に、昨日までなかった小さな小屋をみとめました。

②「様子の変わった所には、近づかぬがよいぞ。」かれの本能は、そう感じたらしいのです。

③残雪の目には、人間もハヤブサもありませんでした。

④ただ、救わねばならぬ仲間のすがたがあるだけでした。

⑤しかし、第二のおそろしいてきが近づいたのを感じると、残りの力をふりしぼって、ぐっと長い首を持ち上げました。

いずれも、残雪に語り手の視点がなければ、分からぬ、残雪の内部情報です。今から、四〇年近く前に、この問題を話題にした授業を、教え子達は、覚えていました。意外な発見だったということでしょう。

これらの表現は、作品全体から見て不整合である。話者、話者の視点という、文学を分析する大事な観点を指導する格好の教材ではある。

情景描写に着目させる

A 大造じいさんの心情を読み取りたい

この作品には、情景描写の典型のような表現がいくつかあります。情景描写は、人物の心を反映したり、つながっていると言われています。この作品の場合、はたして、じいさんのどんな心情とつながっているのでしょうか。

B 情景描写を探し、じいさんの心情との対応を考えましょう

1説明 1の場面にある、「秋の日が、美しくかがやいていました。」という情景描写は、秋の日の美しさを表しているだけでなく、じいさんの「何だかよいことが起きているぞ」というじいさんの心情を表していると考えられます。

2発問 その他にどんな情景描写があるでしょう。〔確認型発問〕

※発表のあと

3発問 これらは、じいさんのどんな心情を表しているでしょうか。〔確認型発問〕

※話し合い

子どもの活動&思考

子どもから出される情景描写と、じいさんの心情。

①2の場面…あかつきの光が、小屋の中にすがすがしく流れこんできました。↓気持ちいい、うまくいきそうだ

②3の場面…東の空が真っ赤に燃えて、朝が来ました。↓よしいよいよ戦いだ

③4の場面…らんまんとさいたスモモの花が、その羽にふれて、雪のように清らかに、はらはらと散りました。↓元気に飛んでいけ、ひとまずお別れだ

「花が…清らかに…散る」は、という表現は、はかなく消えていく、いさぎよく死んでいくというイメージがあり、元気に飛んでいけというじいさんの心情とは、やや合わないという声もあることを紹介しておきたいです。

情景描写により、人物の心情を表現する例として、指導しておきたい。ただし、この最後の描写と、それに続く、「ガンの英雄よ」「正々堂々と」等の残雪へのじいさんの叫びは、時代を反映した表現であるとも言われている。この作品は、昭和一六年に初刊。

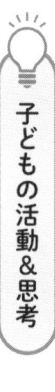

観点を特定し対比させ形象化させる

A やまなしの世界を形象化させ、読解を深化させたい

難教材と言われている「やまなし」。一時間で授業してほしいと頼まれることがあります。もう、この方法しか思いつきません。やまなしの世界が一気に形象化されます。学校の授業で行なうとすれば、五月と十二月の授業を終えた後、行ないたいです。

B 五月と十二月を対比し、五月は…だけど十二月は…と書きましょう

1指示 五月と十二月を対比しましょう。次のように、ノートにまとめましょう。どんなことで比べたか、矢印の横に観点を書きましょう。できるだけ、たくさん見つけましょう。時間は一〇分です。〔条件＋時間指示〕

観点

五月	↔	十二月

・昼 ↔（一日） 夜

・日光　↕光　月光

2指示　「五月は…だけど、十二月は…です」。と発表しましょう。「観点は…です」と発表しましょう。〈条件指示〉

3指示　出された対比の中で、「なるほど面白い」と思うものを発表しましょう。〈活動指示〉

子どもの活動&思考

子どもが一人で見つける対比は、多くて五つぐらいです。発表させると、次々と、思わぬものが出てきます。その度に、「なるほど」となります。まさに、読解の面白さです。「3指示」によって、さらに、形象化が進みます。次のような対比が明らかになります。両矢印の右横に観点を書いていきます。

① かわせみ　↕水に突入　やまなし（飛び込みと落下）
② 魚　↕死　やまなし（動物の死と植物の死）
③ かばの花　↕死　やまなし（流れてくると落下）
④ かわせみ　↕生　かにたち（かわせみは魚からとかに達はやまなしから）

⑤ かわせみ ↔ 生物 やまなし（動物と植物）

⑥ なめらか ↔ 天井 青白い火の波

⑦ かばの花びら ↔ 流れる 水晶、金雲母

⑧ くちばし ↔ 青 波

⑨ 水の底 ↔ 青 天井の波

⑩ あわ、魚の腹 ↔ 白 丸石

⑪ 光 ↔ 黄金 やまなし

⑫ あわ、ごみ、魚のかげ ↔ 黒 やまなし、三びきのかげ

⑬ とがっている ↔ 突入物 丸い

⑭ おさない ↔ かにの子 成長

⑮ きょうふ ↔ かにの子 幸せ

⑯ かわせみの話 ↔ 父のかに やまなしの話

⑰ 安心を与える ↔ 父のかに 幸せを与える

⑱ クラムボン ↔ 造語 イサド

⑲ × ↔ 擬音語 トブン、サラサラ

⑳ かぷかぷ、ゆらゆら ↔ 擬態語 きらきら、もかもか

㉑ × ↔ におい やまなし

㉒ あわ、ごみ、魚、花びら ↔ かげ やまなし、三びきのかに

（日光でできた）　（月光でできた）

ここに紹介した二二点の対比は、私が考えたものです。これまでの授業で子どもが見つけてくれたものもあります。ここまで考えておくと、どんな子どもの発言にも、対応できます。

観点を特定することで、対比を見つけることができる。思ってもみない対比が明らかにされることで、次々と形象化が進み、読解が深まる。

共通項の検討から主題が見えてくる

A　五月と十二月の両方に出てくるモノやコトを明らかにしたい

前時に行った五月と十二月の対比した図を見ながら、今度は、類比を行います。対比では見えなかったやまなしの世界が見えてきます。

B　五月と十二月の類比点を見つけましょう

1 発問　五月と十二月の類比点を見つけましょう。〔対比型発問〕

2 指示　五月も十二月も…という点は同じという言い方でまとめましょう。〔条件指示〕

3 指示　ノートに書きましょう。〔作業指示〕

※発表

4 指示　（発表された類比を見て）自分では気づかなかった、面白い類比を一つ選びましょう。〔条件指示〕

5 指示　それを選んだ理由を言いましょう。〔活動指示〕

子どもの活動&思考

つぎのような類比が見つかるでしょう。五月も十二月も、共に、①子がにの兄弟と、父がにが出てくる。②川に飛び込んでくるものがある。（かわせみとやまなし）③光が出てくる。（日光と月光）④死ぬものが出てくる。（さかなとやまなし）⑤生を与えてもらう。（かわせみは魚、かに達はやまなし）⑥死と生が出てくる。⑦父がにが、子がにに知識を教える。⑧父がには、自信を持っている。⑨子がには父がにの言葉をしっかり聞く。⑩青い世界の中のできごと。

自分は気づかなかった面白い類比。発表される度に、◎をつけていきます。

五月と十二月の類比点が発表される度に、なるほど！　が発生。この作品の主題に、じわじわと迫ることができる。

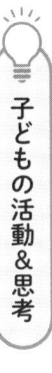

主題を選択し検討させる

A　やまなしの主題は何か考えたい

五月と十二月の類比により、次第に主題が見えてきます。そこで、教師が主題を複数考え、提示します。

B　やまなしの主題と思うものを一つ選択しましょう

1説明　五月と十二月の類比点を見つける授業で、この作品が伝えたいこと＝主題が、明らかになってきました。主題を五点考えてみました。〔選択型発問〕

2指示　この中で、今の自分にとっては、これが「やまなし」の主題だと思うというものを一つ選んでください。〔条件指示〕

①いたるところで生まれている生と死のドラマ
②生あるところ死あり死あるところ生あり
③限られた生をしっかり生きていこう
④親は子に伝えることを喜び子は親から学ぶことを喜び生きる

⑤知識を教えることで成長する子を見守る親の喜び

子どもの活動&思考

①～⑤について討論させます。

六年生の子ども達が選択するのは、①か②です。魚の死は、かわせみに生をもたらす。やまなしの死は、かに達に生をもたらすという事実も出されます。私も、若い頃は、同じように考えていたようです。

ところが、自分が親の世代になると、④や⑤が主題に見えてきました。

そして、教師生活五〇年を経た今は、③が主題のように見えてきました。

年齢、体験、置かれた立場によって、物語の主題は違って見えてきます。その事実を、体験してきました。子ども達にも、そんなことを語ってやりたいと思います。

主題は、作品から読者へのメッセージととらえたい。実際、主題など考えたことがないという作家がいる。主題は、読者の年齢、体験、置かれた立場によって違って見えてくる。

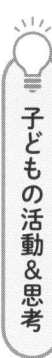

「やまなし」と「いちょうの実」と

「やまなし」（一九二三年作二七歳）を学習した後に、「いちょうの実」（一九三一年作三六歳）もぜひ、子ども達に紹介したい。

この作品には、母親と子ども達が登場する。やまなしと対照的である。

母親は、いちょうの木、子どもはいちょうの実である。

冬の明け方、いちょうの実達は、旅に出ることになる。「水とうに水をつめるのを忘れた子」「金色のお星様になるという子」「からすに運んでもらうという子」「いきたくないという子」等、いろいろとおしゃべり。母親は、悲しんでおうぎ形の黄金色の髪の毛をみんな落としてしまう。最後、「さよなら、おっかさん。」と言って、子ども等は、一度に雨のように枝から飛び降りていく。次の文で終わる。

お日様はもえる宝石のように東の空にかかり、あらんかぎりのかがやきを悲しむ母親の木と旅に出た子どもらとに投げておやりなさいました。

この作品を紹介したあと、感想文を書いてもらった。

指示　「やまなし」と、「いちょうの実」について、「はじめ―なか1なか2―まとめ」の4段落構成で書く。「なか1」では、両者の相違点、「なか2」では共通点を書く。「まとめ」では、なかの1と2を書いて分かった賢治の考え方＝思想を書く。

以下、K君の感想文を紹介する。やまなしでは、生と死に主題ありと言っていたのに、両者の比較を通し、賢治の目は、理想の親子関係に向いているとまとめている。

賢治が伝えたい理想の親子関係

六年　K君

「やまなし」と「いちょうの実」の両作品について検討し、宮澤賢治の思想について考える。
まず、両作品の相違点を書く。「やまなし」ではお父さんが親として登場するが、「いちょうの実」ではお母さんが親として登場する。また、「やまなし」では、動くものが登場人物だが、「いちょうの実」では、動かないものが登場人物である。「やまなし」では、長い時間のことを書いているが、「いちょうの実」では、短い時間のことを書いている。

次に、両作品の類比点を書く。「やまなし」も「いちょうの実」も、人間ではない動物や植物が登場人物であることは同じである。賢治の作品では、人間ではない登場人物がしゃべったり、行動するということが当たり前のように書かれている。また、両作品とも親子関係が濃密であるという点では同じである。「やまなし」では、父親一人に対して子二人という関係で、父親は、子に常に心を配って大切に育てている。「いちょうの実」では、母親一人に対して子は千人と、母親は全員を全力で育てるのはきびしい状況だが、母親はできるかぎりの世話を子にしている。両作品ともに、親が全力で子を世話し、子は全力で親についてくるという点では同じである。

両作品を検討した結果、分かったことがある。「親が子に言ったことを子が素直に聞いて、子が親に聞いたことを親が子にちゃんと教える。」この理想である、原点である親子関係が、賢治が生きていたころから現代にかけて見られなくなってきている。賢治は作品を通してこの現実を私たちに気づかせてくれる。賢治は亡くなっても、作品で常に私たちにメッセージを送り続けてくれている。

おとうについて分かることを箇条書きにする

A 太一のおとうの人物像をとらえたい

太一のおとうについては、多くの記述はありません。が、当然、太一の生き方に大きな影響を与えたことは間違いありません。

B 太一のおとうについて分かることを箇条書きにしましょう

1発問 太一のおとうは、どんな人物だったのでしょう。〔確認型発問〕

2指示 ノートに箇条書きにしましょう。〔条件＋作業指示〕

※発表

①もぐり漁師　②だれにももぐれない瀬にもぐることができた
③大物のクエをついてもじまんしなかった　④海のめぐみだと言っていた
⑤不漁の日が続いても変わらなかった　⑥クエをついたまま水中で死んでいた

3発問 不思議です。なぜ、太一は、一本づりの漁師である与吉じいさの弟子になっ

たのでしょう。　　　　　　〔不思議型発問〕

4指示　理由を三つ以上考えましょう。　　　　　　〔数指示〕

子どもの活動&思考

太一の父については、あまり説明がありません。1発問、2指示は、あとで、クライマックスとなる箇所を検討検討する際に、役に立ちます。

3発問のなぜ、与吉じいさの弟子になったのかについては、以下のような意見が出て、読解が深化します。（◎…本文に記述、◯…可能性あり　△…反対が出る）

◎もぐり漁師がいなかった　　◎父が漁をしていた瀬に行きたかった

◎与吉じいさを助けたい　　◯仲間の漁師にすすめられた

△母親にすすめられた

> 太一の父親についての情報は限られている。それだけに、しっかり確認しておきたい。与吉じいさの弟子になったいきさつについての検討で、与吉じいさの人物像に目を向けるきっかけとなる。

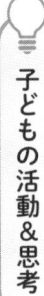

与吉じいさについてよく分からないことをまとめさせる

A

与吉じいさの人物像をとらえたい

与吉じいさについては、多くの記述があります。これを箇条書きさせると、具体的な記述に目を向けることになり、かなりの作業となってしまいます。人物像となると、意外に不明な点が多いです。その不明な点を考えさせたいです。

B

与吉じいさについてよく分からないと思うことを考えましょう

1発問 与吉じいさについて、どうもよく分からないところがあると思います。
〔不思議型発問〕

2指示 ペアで相談してください。
〔活動指示〕

3指示 五つ以上考えてください。
〔数指示〕

※発表させ、板書する。

4指示 与吉じいさについての疑問について自分なりの「答」を考えてください。
〔条件指示〕

子どもの活動&思考

2指示、3指示で出ると思われる疑問と、4指示で出されると予想される答え（～以降の言葉）。

①与吉じいさんは、何歳ぐらいだろう。～七十代。八十代。九十代　②家族はないのだろうか。～亡くなったときはいない　③結婚はしなかったのか。～分からない。可能性はある　④若い頃から、一本釣りの漁師だったのか。～一本釣りの漁師だった　⑤何歳ごろから、千びきに一ぴきの考えを持つようになったのか。～年をとってから　⑥なぜ、太一に釣り糸をにぎらせなかったのか。～まずはしっかり見させる　⑦なぜ、太一が村一番の漁師と言えたのか。～長年の経験で分かる　⑧昔は、太一の父と知りあいだったのか。～知りあいだった。同じ場所で漁をしていた。同じ村にいた　⑨とった魚は、どうしていたのか。～売っていた。生活に必要。一部食べていた　⑩与吉じいさは、何の病気で死んだのか。～わからない。老衰

⑥は、漁師だけでなく、師匠が弟子を独り立ちさせる修業法であることを、付説しておきます。

時に、不思議を問い、子ども達にその不思議の「答」を考えさせ、交流させる。その過程で、絶対解、納得解、不明とに分類していく。

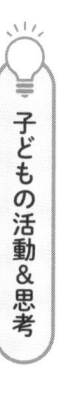

クエをうたなかったのはだれの影響か考える

A　クライマックスでの太一の心の変化を考えさせたい

クエをうとうか葛藤の末、太一は、クエのことをおとうと言い出し、クエをうつことを辞めます。このところの太一の心の変容を考えさせます。

B　太一がクエをうたなかったのは、だれの影響でしょう

1説明　この魚をとらなければ一人前の漁師にはなれないと太一は、泣きそうになりながら思ったのに、結局、クエをうつのをやめます。

2発問　太一がクエをうつことを辞めたのは、結局は、だれに影響を受けた結果なのでしょう。〔選択型発問〕

ア　太一のおとう　　イ　与吉じいさ

ウ　太一の母　　エ　動こうとしないクエ

3指示　ペアで相談しましょう。賛成と反対の理由を考えましょう。〔活動指示〕

子どもの活動&思考

ある時の授業では、次のような意見が出されました。

アに賛成。「一人前の漁師になれない」と思ったあと、「おとう、ここに…」と言っているからおとうのことが頭にある。

アに賛成。おとうの「大魚は…海のめぐみ」という言葉を思い出した。

イに賛成。千びきに一ぴきでいいという与吉の言葉が浮かんだ。このクエをその一ぴきにする必要はないのだと思った。

イに賛成。「海の命」という言葉は、与吉の考え。

ウに反対。母に「おそろしくてねむれない」と言われてから、一年もたっているから。

エに賛成。クエがおだやかな目で太一を見ていたから。クエが、向かってきたらうっていた。

結局は、ア、イ、エのどれもあり得るということで◎。ウは、可能性はゼロとは言えず、×でなく、△にするということで、話し合いは終了しました。

太一の心情は、大きく揺れ動いている。さまざまな思いが錯綜して出現。葛藤の末、うつのをやめ、しかもおとうと思い、海の命と思うことにした。人間の真実ということだろう。

あとがきの不思議なことを検討させる

A 海の命で、あとがきに書かれた情報を読み取りたい

この物語では、最後の六行の後日談に大事な情報が盛り込まれています。

B 最後の「あとがき」の不思議なところを検討しましょう

1説明 「海の命」のあとがきには、大事な情報が書かれています。

2指示 このあとがきを、五点にまとめてください。〔数指示〕

3指示 「…こと」という言い方で発表してください。〔条件指示〕

↓太一が、村のむすめとけっこんし、子どもを四人育てたこと。

↓子どもは男と女と二人ずつで元気でやさしい子だったこと。

↓母もおだやかで満ち足りたおばあさんになったこと。

↓太一が村一番の漁師であり続けたこと。

↓クエをうたなかったことをだれにも話さなかったこと。

4発問 この中で不思議なことはありませんか。〔不思議型発問〕

※発表後、次の発問をする。

5発問　クエのことをだれにも話さなかったのはなぜでしょう。〔不思議型発問〕

6発問　子どもや母親が幸せそうなことを書いたのはなぜでしょう。〔不思議型発問〕

子どもの活動&思考

5発問についても出そうな意見としては、①じまんしたくなかった（太一の父もそうだった）②クエの場所を知らせたくなかった、があります。

6発問について出そうな意見としては、①太一のことを心配していた母親がどうなったか知らせたかった②海の命を守る太一の生き方が家族を幸せにしたことを知らせたかった、があります。

ここまで、出ればよしとすべきでしょうか。私としては、次の一言は、言っておきたいです。

「クエをおとうとみなし、うたなかったこと。おとうや与吉じいさの考えを取り入れ、海の命であると考えたあの一件がきっかけで、太一も、家族も幸せになったと考えられます。クエのことは、家族に話すべきだと考えますが、みなさんはどう思いますか。」

教師として、どうしても伝えておきたいことは、「先生の考え」として、伝えておく。

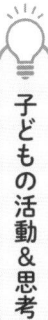

サブタイトルから主題を考えさせる

A 主題は何かを考えさせたい

最後に、「海の命」の主題を考えさせたいです。海の命というタイトルが重いです。サブタイトルをつけることにより、主題を明らかにさせます。「あとがき」の記述の中の言葉を使い、教師が、予め三点を用意し、その中から決定させます。その後、字数を限定し、サブタイトル化します。

B 物語の「さいごに」の中の言葉を使ってつくったサブタイトル三つを検討しましょう

1 発問 「さいごに」の言葉を使って、サブタイトルを三つつくってみました。どれが、サブタイトルにふさわしいでしょう。〈選択型発問〉

①千びきに一ぴきという考えが海の生き物を守る
②千びきに一ぴきという考えが人を幸せにする
③千びきに一ぴきという考えで海の生き物も守られ人も幸せになる

2 指示 賛成一つに○、反対一つに△をつけましょう。〈条件指示〉

※ノート筆記のあと、発表。
↓①に反対。人間のことが出ていない。
↓③に反対。海はタイトルにある。
↓②に賛成。海の命も守られ、人も幸せになることがわかる。

3指示　サブタイトルをできるだけ短くしていきましょう。「千びきにいっぴきの考え」を他の言葉にしてみましょう。〔条件指示〕

子どもの活動&思考

3指示で、「千びきに一ぴきの考え」を他の言葉に置き換え、次のように短くしていきます。
・千びきに一ぴきの考えで人も幸せに（一六字）　・千びきに一ぴきの精神で生きる（一四字）
・海の自然と共存して生きよう（一三字）　・自然と共存して生きる（一〇字）
共存という言葉が出ない場合は、教師が紹介。共存と共生の違いも考えさせたいです。

海の命では、海の命という言葉をベースにしながら、サブタイトルをつけ加えることで、主題を考えさせた。直接主題を特定させるか、サブタイトルをつけるかは、作品により選択する。

おわりに

「国語授業のAさせたいならBと言え」。実は、このテーマを最初にいただいたのは、一〇年くらい前でした。定番物語教材の発問・指示をつくり紹介する。私にとっても、夢でした。さっそく執筆を開始。一年近くかけて完成したのは、『岩下修の国語授業―授業を成立させる基本技60―』（二〇一六年）。執筆を進めていくと、発問・指示だけでなく、音読、読解、作文、漢字の基本技をまとめた一冊になっていました。言語活動の充実に代わり、アクティブラーニングが叫ばれるときでした。それなら、子どもの心をアクティブにする国語授業の技を紹介したくなったようです。

今度こそ定番教材の発問・指示大全だと再挑戦。結果は、『岩下修の国語授業―「深い学び」を生み出す物語読解の授業システム』（二〇二〇年）という一冊になりました。言語活動主義の反省もあり、学習指導要領の改訂で、学習過程が重視されることになった直後のことでした。それならと、私も、自分の学習システムを紹介した上で、具体的な発問・指示をまとめようとしました。大全の形になる前に予定ページ数に到達してしまいました。

そして、今回。ついに、長年の宿題をやり終えた気がしています。光村図書、定番一一教材について、発問・指示を紹介することができました。「Aさせたいなら B と言え」「Bの言葉はゆれのないモノでつくる」をマインドセットしながら、発問・指示をまとめていきました。

紹介したすべての教材で、実際に授業しています。自分のクラスでしたり、飛び込み授業でしたり……。今回、まとめるに当たって、新しく創り直したものもあります。今、授業するとしたら、これでする……という、最新の発問・指示であることはまちがいありません。

発問・指示のねらいは、ただ一つ。子どもを知的にさせ、探究心を発生させることにあります。私は、そもそも、探究と発見がなければ授業じゃないと考えてきました。四〇年ぐらい前に、「授業はハテナ？　とナルホド！　の連続体である」と書いたことを覚えています。二〇年前の授業ＤＶＤのタイトルは、「発見がなければ授業じゃない」でした。

どうぞ、まずは、岩下が例示した発問・指示で授業してください。そして、目の前の子ども達を見ながら、修正していってください。その際、第1章で示しました「AならBの仕組み」「ゆれのないモノ」「発問・指示の五つの機能」をぜひ参考になさってください。たった一つの発問・指示が、教材のすばらしさを引き出し、子ども達を探究の世界へと導きます。授業で、子どもに生まれる探究と発見。それを見て、教師に生まれる探究と発見。授業にこのような機能があるから、教師は辞められないのです。私も、まだ歩いています。ぜひ、今から此処から出発しましょう。

明治図書の林知里様、大変お待たせいたしました。何度も、何度も、激励の言葉をいただき、やっと到着しました。感謝の言葉もありません。ありがとうございました。今回の執筆も、私にとって、また、最高の「自学」でした。

今、咲いたばかりの花のような子がいっぱい生まれる授業をこの時代に。

岩下　修

【著者紹介】

岩下　修（いわした　おさむ）

名古屋市公立小学校，立命館小学校，名進研小学校を経て，現在，国語授業クリエイター。日本言語技術教育学会理事。各地の学校や研修会で，授業，模擬授業，講話を行っている。1988年刊の『Ａさせたいなら Ｂと言え―心を動かす言葉の原則―』（明治図書）は，教師のバイブルと言われ現在も発売中。韓国でも翻訳出版。2022年には『イラスト図解　Ａさせたいなら Ｂと言え』を刊行。その他，明治図書から「自学システムシリーズ」「岩下修の国語授業シリーズ」等，小学館から子ども向けの「作文指導シリーズ」を刊行中。近著として，2024年刊，『教えて！作文の神様　大人になってこまらないかんたん作文レッスン帳』（金の星社），『国語授業に大変革！深く読む“音読”―音声入り「意味句読み」実践手引き』（学芸みらい社）など。

〔本文イラスト〕木村美穂

国語授業のＡさせたいならＢと言え
子どもが動く発問・指示の言葉

2024年11月初版第１刷刊　Ⓒ著　者　岩　下　修
発行者　藤　原　光　政
発行所　明治図書出版株式会社
http://www.meijitosho.co.jp
（企画）林　知里（校正）川上　萌
〒114-0023　東京都北区滝野川7-46-1
振替00160-5-151318　電話03（5907）6703
ご注文窓口　電話03（5907）6668

＊検印省略　組版所　株式会社カシヨ

Printed in Japan　ISBN978-4-18-915937-7